101 RECETAS ECONÓMICAS

Título original: *101 Cheap Eats*

Primera publicación por BBC Books, un sello de
Ebury Publishing, una división de Random House
Group Ltd, 2003

© 2003, Woodlands Books Ltd, por la edición
   original
© 2003, *BBC Good Food Magazine* y *BBC
   Vegetarian Good Food Magazine*, por las
   fotografías
© 2009, Random House Mondadori, S.A.
   Travessera de Gràcia, 47-49. 08021 Barcelona
© 2009, Cristina Simó Perales, por la traducción

Primera edición: febrero de 2010

Edición: Gilly Cubitt
Redacción: Vivien Bowler
Edición del proyecto: Rebecca Hardie
y Sarah Reece
Diseño: Kathryn Gammon y Annette Peppis
Dirección de arte: Sarah Ponder
Producción: Christopher Tinker

Fotocomposición: Compaginem

ISBN: 978-84-253-4404-6

Impreso en Gráficas 94, S.L.
Sant Quirze del Vallès (Barcelona)
Encuadernado en Reinbook

Depósito legal: B.1288-2010

GR 44046

101 RECETAS ECONÓMICAS

Orlando Murrin

Grijalbo

Sumario

Introducción   6

Ensaladas, tentempiés y comidas ligeras   10

Pasta y fideos   56

Carnes   88

Pescados   128

Platos únicos   150

Postres   186

Índice   212

Introducción

Como bien sabe todo cocinero, una buena comida no depende de cuánto gastas en los ingredientes sino de cómo te las ingenias con ellos. Para demostrarte que comer por muy poco dinero no tiene por qué ser aburrido, hemos reunido de entre las recetas más económicas de la *BBC Good Food Magazine* nuestras favoritas.

Olvídate de las alubias con tostadas y de las patatas asadas con queso. Hemos hecho una selección de platos con estilo que encantarán a tu familia y amigos y que no requieren ingredientes raros o demasiado caros. Mediante básicos habituales en tu cocina y alimentos de temporada, te ayudaremos a crear algo especial cada noche de la semana sin arruinarte, como el helado con salsa de manzana y moras que se muestra en la ilustración de la izquierda (véase la receta en página 192).

Nuestros cocineros han elaborado y probado todas las recetas para asegurarse de que siempre te salgan a la perfección. Al mismo tiempo, se han ceñido a un presupuesto mínimo sin sacrificar el sabor ni las cantidades. Cada receta incluye además información nutricional; así podrás tener en cuenta las calorías al igual que el contenido en grasas y sal.

Este libro te garantiza recetas rápidas y económicas para cualquier época del año. Además, pondrá fin al estrés de planificar la cena de los días laborables y te recordará que a menudo las cosas más sencillas son las mejores.

Orlando Murrin

Orlando Murrin
Director editorial de
BBC Good Food Magazine

Tablas de conversión

NOTA PREVIA
- Lava todos los productos frescos antes de su preparación.

TEMPERATURA DEL HORNO

Gas	°C	°C convección	Temperatura
¼	110	90	muy baja
½	120	100	muy baja
1	140	120	baja o suave
2	150	130	baja o suave
3	160	140	templada
4	180	160	moderada
5	190	170	media
6	200	180	media-alta
7	220	200	alta
8	230	210	muy alta
9	240	220	muy alta

MEDIDAS DE LAS CUCHARADAS

Las cucharadas serán rasas, salvo indicación contraria.
- 1 cucharadita = 5 ml
- ·1 cucharada = 15 ml

RECETAS

Una ensalada rica y saciante, fácil de duplicar
si tienes muchos comensales.

Ensalada con salsa de tomate

600 g de tomates
4 cebolletas picadas
2 cucharadas de perejil fresco picado
1 diente de ajo muy picado
4 cucharadas de aceite de oliva
1 cucharada de zumo de limón
650 g de patatas partidas
    por la mitad
4 lonchas de beicon
4 huevos duros
hojas de lechuga para la guarnición

30 minutos • 4 raciones

1 Picar bien 225 g de tomates y mezclarlos
con las cebolletas, el perejil, el ajo, el aceite
y el zumo de limón para hacer una salsa.
Sazonar al gusto. Cocer las patatas en agua
hirviendo con sal hasta que estén tiernas.
Escurrirlas y refrescarlas debajo del grifo.
Cortarlas en rodajas gruesas.
2 Calentar la parrilla al máximo y dorar el
beicon durante 3-4 minutos o hasta que esté
crujiente. Dejar que se enfríe un poco y partirlo
en trozos del tamaño de un bocado. Cortar
el resto de los tomates y los huevos en 8 partes.
3 Mezclar las patatas, los huevos, los trozos
de tomate y la salsa de tomate en un cuenco de
ensalada. Sazonar al gusto. Esparcir el beicon
por encima y servir sobre un fondo de lechuga.

• Cada ración contiene: 362 kilocalorías, 14 g de
proteínas, 32 g carbohidratos, 21 g de grasas, 4 g de
grasas saturadas, 4 g de fibra, 0 azúcares añadidos,
1,05 g de sal.

El queso feta en dados que se vende envasado en aceite de oliva
es ideal para esta receta. Utiliza el aceite para el aderezo.

Ensalada tibia de garbanzos

1 cebolla roja cortada en cuartos
2 calabacines cortados en rodajas
   gruesas
1 pimiento rojo sin semillas cortado
   en trozos grandes
375 g de tomates maduros partidos
   por la mitad
5 cucharadas de aceite de oliva
el zumo de ½ limón
3 cucharas de hierbas picadas
   (cebollino, perejil y menta) o 3
   cucharadas de perejil fresco picado
800 g de garbanzos en conserva
   escurridos
100 g de queso feta en dados
pan de pita para acompañar

45 minutos • 4 raciones

1 Precalentar el horno a 220 °C. Poner la
cebolla, los calabacines, el pimiento rojo y los
tomates en una fuente para horno y sazonar con
pimienta negra. Rociar con dos cucharadas de
aceite de oliva y mezclar bien. Hornear durante
30 minutos, removiendo de vez en cuando,
hasta que las verduras estén tiernas.
2 Mientras tanto, mezclar el zumo de limón
y el aceite de oliva restante, sazonar y añadir
las hierbas.
3 Dejar enfriar las verduras durante 5 minutos
y trasladarlas a un cuenco para ensalada junto
con los garbanzos, el queso feta y el aliño de
limón y aceite. Remover un poco antes de servir
acompañada con pan de pita.

• Cada ración contiene: 375 kilocalorías, 15 g de
proteínas, 29 g de carbohidratos, 23 g de grasas, 5 g
de grasas saturadas, 8 g de fibra, 0 azúcares añadidos,
1,62 g de sal.

El queso gloucester aporta un bonito color
a las espinacas salteadas.

Patatas con espinacas y queso fundido

650 g de patatas nuevas cortadas
en trozos a lo largo
1 cucharada de aceite
250 g de espinacas baby listas para
el consumo
100 g de queso gloucester
1-2 cucharadas de cebollino fresco
cortado con tijeras
100 g de jamón cocido cortado
en lonchas finísimas

25 minutos • 4 raciones

1 Poner a hervir agua con sal en una cazuela grande. Agregar las patatas y dejarlas cocer durante 12-15 minutos o hasta que estén tiernas.

2 Escurrir bien las patatas y ponerlas otra vez en la cazuela. Añadir el aceite y mezclar. Poner a calentar la cazuela a fuego medio e incorporar las espinacas; taparla y agitarla de tanto en tanto hasta que las espinacas estén pochadas.

3 Cortar el queso en tacos o desmenuzarlo directamente en la cazuela. Sazonar bien y agregar el cebolllino. Cuando el queso empiece a fundirse, repartir todo en platos llanos precalentados. Con unas tijeras, cortar tiras de jamón por encima y servir de inmediato.

• Cada ración contiene: 289 kilocalorías, 16 g de proteínas, 27 g de carbohidratos, 14 g de grasas, 6 g de grasas saturadas, 3 g de fibra, 0 azúcares añadidos, 1,31 g de sal.

Esta ensalada tendrá un aspecto aún más delicioso
si utilizas patatas Desirée o Monalisa.

Ensalada tibia de patatas y brócoli

700 g de patatas cortadas en trozos
   grandes
350 g de brócoli cortado en floretes
5 cucharadas de aceite de oliva
1 cebolla pelada y cortada en trozos
   finos
12 lonchas de beicon sin corteza
   ahumado o natural
1 cucharada de vinagre de vino blanco
1 cucharada de mostaza de grano
   entero

40 minutos • 4 raciones

1 Dar un hervor a las patatas en agua con sal
durante 5 minutos y añadir el brócoli durante
los últimos 3 minutos. Escurrir las patatas
y el brócoli.
2 Calentar 2 cucharadas de aceite en una
cazuela. Agregar la cebolla y las patatas solas
y sofreír durante 8-10 minutos o hasta que
estén doradas. Mientras tanto, asar el beicon
a la parrilla hasta que esté crujiente y secarlo
con papel de cocina. Añadir el brócoli a la
cazuela de cebollas y patatas, y calentar.
Trasladar las verduras a una fuente.
3 Verter el aceite de oliva restante, el vinagre y
la mostaza en la cazuela donde se ha cocinado la
cebolla y remover hasta que se caliente. Rociar
las verduras con el aderezo, mezclar un poco
y sazonar con pimienta. Disponer las lonchas
de beicon por encima como toque final.

• Cada ración contiene: 492 kilocalorías, 19 g de proteínas,
34 g de carbohidratos, 32 g de grasas, 9 g de grasas
saturadas, 5 g de fibra, 0 azúcares añadidos, 2,82 g de sal.

Una suculenta ensalada como plato principal que encantará
a toda la familia. Está deliciosa fría o tibia.

Ensalada de jamón, patatas y queso feta

1 kg de patatas partidas
   por la mitad si son grandes
175 g de dados de feta en aceite
1 cucharadita de orégano
8 tomates en trozos medianos
100 g de olivas negras sin hueso
225 g (unas 4 lonchas gruesas)
   de jamón cocido cortado en tacos
1 puñadito de perejil fresco

30 minutos • 4 raciones

1 Poner agua a hervir en una cazuela grande (no hace falta añadir sal). Agregar las patatas y cocerlas durante 15 minutos o hasta que estén tiernas.

2 Mientras tanto, calentar 2 cucharadas del aceite del queso feta en una sartén. Añadir el orégano y los tomates y sofreír a fuego medio durante 3-4 minutos, hasta que se ablanden un poco. Incorporar las olivas, los dados de feta y el jamón, y mezclar bien. Escurrir las patatas y ponerlas de nuevo en la cazuela.

3 Agregar la mezcla con las olivas y el tomate a la cazuela de las patatas y sazonar. Espolvorear con el perejil y mezclar un poco. Servir la ensalada tibia o fría.

• Cada ración contiene: 408 kilocalorías, 23 g de proteínas, 47 g de carbohidratos, 16 g de grasas, 7 g de grasas saturadas, 5 g de fibra, 0 azúcares añadidos, 4,47 g de sal.

Si quieres realzar el sabor, mezcla los ingredientes, excepto el aguacate, la noche anterior.

Ensalada de embutidos, alubias y aguacate

150 g de champiñones cortados
en láminas
8 rábanos cortados en rodajas
1 cebolla roja pequeña cortada
en juliana
400 g de alubias blancas en conserva
escurridas
4 cucharadas de aceite virgen de oliva
1 cucharada de vinagre de vino
o de vinagre de sidra
1 diente de ajo machacado
1 aguacate
90 g de embutidos (por ejemplo,
longaniza o salami a la pimienta)
en lonchas cortadas en octavos

15 minutos • 4 raciones

1 En un cuenco, mezclar los champiñones, los rábanos, la cebolla roja y las alubias.
2 En otro recipiente, mezclar el aceite de oliva, el vinagre y el ajo. Sazonar.
3 Pelar el aguacate, quitarle el hueso y cortar la pulpa en trozos grandes. Incorporarlo con cuidado a la mezcla de alubias junto con los embutidos y el aliño. Rectificar de sal y servir enseguida.

• Cada ración contiene: 362 kilocalorías, 11 g de proteínas, 14 g de carbohidratos, 29 g de grasas, 6 g de grasas saturadas, 6 g de fibra, 2 g de azúcares añadidos, 1,24 g de sal.

Estas tostadas con queso son para adultos, pero hacerlas
es un juego de niños.

Tostadas de pizza de tomate

4 rebanadas gruesas de pan
120 g de salsa pesto
8 tomates (unos 650 g) cortados
    en rodajas finas
100 g de queso cheddar rallado

15 minutos • 4 raciones

1 Precalentar el gratinador al máximo. Tostar las rebanadas por un lado. Darles la vuelta y untar una capa fina de pesto por la cara que no está tostada.

2 Repartir las rodajas de tomate por encima hasta cubrir todo el pan. Sazonar bien.

3 Espolvorear los tomates con el queso y gratinar durante 5 minutos o hasta que el queso esté dorado. Servir de inmediato.

• Cada ración contiene: 380 kilocalorías, 17 g de proteínas, 25 g de carbohidratos, 24 g de grasas, 10 g de grasas saturadas, 2 g de fibra, 0 azúcares añadidos, 1,36 g de sal.

Una cena improvisada que da muy buen resultado. Utiliza patatas harinosas si quieres que la masa quede compacta.

Picadillo de atún, cebolla y maíz

750 g de patatas harinosas (como cachelos) partidas en trozos grandes
1 manojo de cebolletas picadas
180 g de atún en conserva escurrido
100 g de maíz congelado o 165 g de maíz en conserva escurrido
2 cucharadas de aceite
2 tomates grandes cortados en rodajas
85 g de queso cheddar rallado
judías verdes con salsa de tomate o ensalada para la guarnición

25 minutos • 4 raciones

1 Cocer las patatas en agua hirviendo con un poco de sal durante 12-15 minutos o hasta que estén tiernas. Escurrirlas, devolverlas a la cazuela y triturarlas. Agregar las cebolletas, el maíz y el atún y sazonar bien.
2 Precalentar el gratinador al máximo. Calentar el aceite en una sartén. Extender la pasta de patata en el fondo y freírla a fuego medio durante 4-5 minutos o hasta que la base esté dorada y crujiente.
3 Disponer rodajas de tomate por encima de la pasta de patata y espolvorear con el queso rallado. Gratinar hasta que la parte superior esté dorada. Servir en porciones triangulares con una guarnición de judías verdes con salsa de tomate o de ensalada.

• Cada ración contiene: 387 kilocalorías, 21 g de proteínas, 39 g de carbohidratos, 17 g de grasas, 6 g de grasas saturadas, 4 g de fibra, 0 azúcares añadidos, 0,69 g de sal.

A los niños les encantarán y son excelentes
también para las barbacoas.

Hamburguesas BLT

500 g de carne picada de cordero,
   cerdo o pavo
2 cucharadas de salsa Worcestershire
4 lonchas de beicon ahumado
rodajas de tomate, hojas de lechuga,
   mayonesa y 4 panes de
   hamburguesa para acompañar

30 minutos • 4 raciones

1 Calentar la parrilla al máximo o encender
la barbacoa. Sazonar bien la carne picada
y mezclar con la salsa Worcestershire.
Dividirla en cuatro hamburguesas.
2 Asar bien las hamburguesas en la parrilla
o en la barbacoa durante 7-8 minutos por
cada lado. Dorar el beicon junto con las
hamburguesas durante los últimos 8 minutos,
dándole la vuelta una vez, hasta que esté
crujiente. Secar con papel de cocina.
3 Rellenar los panes con rodajas de tomate
y hojas de lechuga, y poner encima las
hamburguesas. Disponer una loncha de
beicon sobre cada una y añadir 1 cucharada
de mayonesa como toque final.

• Cada ración contiene: 433 kilocalorías, 32 g de
proteínas, 27 g de carbohidratos, 23 g de grasas, 10 g
de grasas saturadas, 1 g de fibra, 0 azúcares añadidos,
1,76 g de sal.

Los trocitos de albaricoque hacen más jugosa la carne de cerdo picada
y le dan un toque exótico.

Hamburguesas de carne de cerdo y albaricoque

500 g de carne de cerdo picada
4 cebolletas muy picadas
4 cucharadas de menta fresca picada
2 albaricoques cortados en trocitos
1 huevo batido
200 ml de yogur griego
4 panes para hamburguesa y hojas
   de lechuga para acompañar

30 minutos • 4 raciones

1 Mezclar la carne de cerdo, las cebolletas, 2 cucharadas de menta picada y los albaricoques. Sazonar bien y hacer una masa junto con el huevo. Dividir la mezcla en 4 partes y dar a cada porción la forma de una hamburguesa de unos 10 cm.

2 Asarlas en la parrilla a fuego moderado o en la barbacoa durante 8-10 minutos por cada lado. Mientras las hamburguesas se hacen, mezclar el yogur griego y la menta restante y sazonar.

3 Rellenar los panes con las hamburguesas sobre un lecho de hojas de lechuga y añadir un par de cucharadas de salsa de menta y yogur. Servir el resto de la salsa aparte.

• Cada ración contiene: 300 kilocalorías, 30 g de proteínas, 5 g de carbohidratos, 18 g de grasas, 8 g de grasas saturadas, 1 g de fibra, 0 azúcares añadidos, 0,35 g de sal.

Estos kebabs son un delicioso almuerzo, ideal para cuando tienes
pocas ganas de cocinar. Déjalos listos la noche anterior
y por la mañana solo tendrás que asarlos y preparar el arroz.

Kebabs de beicon en arroz con setas

2 puerros medianos cortados en cuartos
4 champiñones grandes
14 lonchas de beicon sin corteza
partidas por la mitad
4 salchichas a las finas hierbas partidas
por la mitad
300 g de arroz de grano largo
50 g de mantequilla derretida
1 cucharadita de tomillo seco
1 chorrito de zumo de limón
200 ml de crème fraîche

35 minutos • 4 raciones

1 Escaldar los puerros y escurrir. Picar un
champiñón y el tallo de los otros 3 y reservar.
Cortar el resto de los champiñones en cuartos.
Extender el beicon y envolver en cada loncha
trozos de puerro, los cuartos de champiñón
y las salchichas. Ensartar en pinchos.
2 Calentar la parrilla al máximo. Cocer el arroz.
Fundir la mitad de la mantequilla y mezclar con
la mitad del tomillo y el zumo de limón. Untar
el aderezo a los kebabs. Asarlos 10 minutos,
dándoles la vuelta de vez en cuando.
3 Fundir el resto de la mantequilla en una cazuela.
Sofreír los champiñones picados reservados, junto
con el tomillo restante, hasta que se ablanden.
Mezclar con la crème fraîche y sazonar. Escurrir
el arroz y agregarlo a la cazuela. Mezclar el caldo
de los kebabs con el arroz. Servir de inmediato.

• Cada ración contiene: 1023 kilocalorías, 27 g
de proteínas, 73 g de carbohidratos, 71 g de grasas,
35 g de grasas saturadas, 1 g de fibra, 0 azúcares
añadidos, 4,72 g de sal.

*Incorpora las verduras al huevo con cuidado
para que no se rompan demasiado.*

Tortilla de guisantes, jamón y patatas

650 g de patatas con piel
    preferiblemente rojas
6 cucharadas de aceite de oliva
1 cebolla picada
8 huevos
140 g de jamón cocido cortado
    en tacos
250 g de guisantes congelados

45 minutos • 4 raciones

1 Cortar las patatas en rodajas gruesas. En una cazuela calentar 4 cucharadas de aceite. Freír las patatas a fuego medio durante unos 15 minutos, hasta que empiecen a estar doradas y tiernas. Agregar la cebolla y cocinar durante 5 minutos.

2 En un cuenco grande, batir los huevos y sazonar bien. Incorporar las patatas, la cebolla, el jamón y los guisantes a los huevos batidos. Mezclar con cuidado para no romper las patatas.

3 Precalentar el gratinador al máximo. Calentar el resto del aceite en la cazuela. Verter la mezcla de huevo y verdura y cocinar a fuego medio durante 10 minutos o hasta que el huevo empiece a cuajar, después gratinar durante 10-15 minutos hasta que la parte superior de la tortilla se dore. Servir en porciones triangulares.

• Cada ración contiene: 516 kilocalorías, 27 g de proteínas, 36 g de carbohidratos, 30 g de grasas, 6 g de grasas saturadas, 6 g de fibra, 0 azúcares añadidos, 1,33 g de sal.

Una tortilla al estilo italiano preparada con ingredientes
que sin duda tendrás en la nevera.

Tortilla de beicon y queso

8 lonchas de beicon sin corteza
1 manojo de cebolletas cortadas
en rodajas
8 huevos grandes
2 cucharadas de leche
85 g de queso cheddar cortado
en tacos
aceite para freír
salsa de tomate y rebanadas gruesas
de pan para acompañar

35 minutos • 4 raciones

1 Con unas tijeras, recortar el beicon en trozos pequeños. Dorarlo en su propia grasa en una sartén antiadherente durante 5-6 minutos. Retirar un poco de grasa. Agregar las cebolletas y sofreír durante 5 minutos hasta que estén tiernas y el beicon crujiente. Precalentar el gratinador a temperatura media.

2 Batir los huevos con la leche y añadir una pizca de pimienta. Reservar un poco del beicon y mezclar el resto con los huevos, las cebolletas y el queso. Calentar el aceite en una sartén de 23 cm. Verter la mezcla y cocinar a fuego lento, sin remover, durante 5-8 minutos hasta que vaya cuajando. Esparcir por encima el beicon reservado.

3 Gratinar hasta que la tortilla esté dorada. Cortar en porciones triangulares y servir con una salsa de tomate espesa como guarnición y pan.

• Cada ración contiene: 468 kilocalorías, 31 g de proteínas, 2 g de carbohidratos, 38 g de grasas, 16 g de grasas saturadas, 1 g de fibra, 0 azúcares añadidos, 3,21 g de sal.

Puedes asar las patatas durante 20 minutos en el microondas primero,
pero cocina los huevos en el horno.

Patatas asadas con huevos rotos

4 patatas grandes para hornear
(de unos 450 g cada una) con piel
25 g de mantequilla
140 g de brócoli cortado en floretes
pequeños
100 g de champiñones cortados
en láminas
8 huevos medianos

1 hora y 30 minutos • 4 raciones

1 Precalentar el horno a 200 °C. Hornear las patatas 1-1 ¼ horas. Unos 5 minutos antes derretir la mantequilla en una sartén. Agregar el brócoli y los champiñones, saltearlos durante unos 3 minutos sin dejar de remover y reservarlos.

2 Cuando las patatas estén asadas, cortarlas por la mitad, extraer casi toda la pulpa con ayuda de una cuchara y ponerla en un cuenco. Mezclar la pulpa con el brócoli, los champiñones y el jugo de la sartén. Sazonar bien. Rellenar las patatas con la mezcla y hacer un hueco en el centro de cada una. Colocarlas en una fuente para horno.

3 Con cuidado, dejar caer un huevo en cada hueco. Hornear las patatas durante 15 minutos justo hasta que los huevos hayan cuajado.

• Cada ración contiene: 358 kilocalorías, 19 g de proteínas, 35 g de carbohidratos, 17 g de grasas, 6 g de grasas saturadas, 4 g de fibra, 0 azúcares añadidos y 0,52 g de sal.

Escoge patatas grandes y harinosas y sírvelas
como comida ligera o para cenar.

Patatas asadas con piel al queso

4 patatas de unos 350 g cada una
   con la piel limpia
50 g de mantequilla
4 cucharadas de leche
100 g de queso cheddar rallado
2 huevos batidos
1 chorrito de tabasco

1 hora y 30 minutos • 4 raciones

1 Precalentar el horno a 200 °C. Frotar las patatas con un poco de sal, depositarlas en una fuente para horno y hornearlas durante 1-1 ¼ horas o hasta que estén tiernas. Sacarlas y dejarlas enfriar lo suficiente para poder manipularlas.

2 Con un cuchillo afilado, cortar la parte superior de las patatas. Con cuidando de no romper la piel, extraer la pulpa con ayuda de una cuchara y dejarla en un recipiente. Triturar la pulpa con un tenedor y batirla junto con la mantequilla, la leche, 85 g del queso, los huevos y la salsa tabasco. Sazonar. Rellenar las patatas con la mezcla.

3 Espolvorearlas con el resto del queso y hornear durante 20 minutos más o hasta que estén esponjosas y gratinadas.

• Cada ración contiene: 509 kilocalorías, 18 g de proteínas, 61,1 g de carbohidratos, 23 g de grasas, 13,1 g de grasas saturadas, 4,6 g de fibra, 0 azúcares añadidos, 0,89 g de sal.

Los tomates grandes se convierten en sabrosos recipientes
para un delicioso relleno.

Tomates rellenos de maíz

4 tomates duros grandes
1 pizca de azúcar extrafino
2 cucharadas de aceite de oliva
1 puerro cortado en rodajas finas
4 lonchas de beicon picadas
½ cucharada de romero fresco picado
3 rebanadas de pan blanco del día
  anterior
85 g de maíz congelado o en conserva
175 g de queso gruyère cortado
  en tacos
2 cucharadas de perejil fresco picado

45 minutos • 4 raciones

1 Precalentar el horno a 200 °C. Cortar la parte superior de los tomates y desechar. Con una cuchara, vaciar por completo de semillas y de pulpa. Sazonar con una pizca de azúcar, sal y pimienta, y colocar en una fuente para horno con la base engrasada.

2 Calentar el aceite en una sartén y sofreír el puerro, el beicon y el romero durante 7 minutos, removiendo de vez en cuando. Mientras, cortar el pan en dados e incorporarlo a la sartén durante los últimos 3 minutos, procurando que se dore de manera uniforme. Sazonar y añadir el maíz, el queso y el perejil.

3 Repartir la mezcla entre los tomates y hornear durante 20 minutos o hasta que el relleno esté dorado.

• Cada ración contiene: 321 kilocalorías, 15 g de proteínas, 22 g de carbohidratos, 20 g de grasas, 8 g de grasas saturadas, 3 g de fibra, 0 azúcares añadidos, 1,46 g de sal.

El hojaldre con queso y finas hierbas combina bien
con salsa de tomate o con abadejo ahumado.

Hojaldre de queso y finas hierbas

70 g de harina
1 pizca de mostaza inglesa en polvo
50 g de mantequilla
100 g de queso cheddar curado rallado
2 huevos batidos
3 cucharadas de hierbas aromáticas
  frescas picadas
brócoli o puerros al vapor
  para la guarnición

PARA LA SALSA DE TOMATE
1 cucharada de aceite de oliva
1 diente de ajo picado o machacado
400 g de tomate natural en conserva
1 cucharada de puré de tomate
  concentrado

1 Precalentar el horno a 220 °C. Engrasar la bandeja. Tamizar la harina, la mostaza y una pizca de sal. Llevar a ebullición la mantequilla con 150 ml de agua. Echar la harina, retirar del fuego y batir hasta obtener una masa esponjosa. Mezclar con 85 g del queso y dejar enfriar 5 minutos.
2 Incorporar los huevos por separado y las hierbas a la masa. Poner cucharadas de masa en la bandeja algo separadas en un rosco. Espolvorear con el queso restante.
3 Hornear 25-30 minutos o hasta que el hojaldre esté crujiente. Mientras, unir los ingredientes de la salsa de tomate. Sazonar. Llevarlos a ebullición y guisar a fuego lento unos 10 minutos hasta que espese. Cortar el hojaldre en porciones. Servir con la salsa y acompañar con brócoli o puerros.

• Cada ración contiene: 340 kilocalorías, 13 g de proteínas, 18 g de carbohidratos, 25 g de grasas, 13 g de grasas saturadas, 2 g de fibra, 0 azúcares añadidos, 0,88 g de sal.

Escoge un queso cremoso y suave que no atenúe
el sabor de los tomates.

Torta de tomate y queso de cabra

1 patata harinosa mediana pelada
85 g de mantequilla fría partida
    en pedazos
1 cebolla muy picada
7 ramitas de tomillo fresco
    o 1 cucharadita de seco
140 g de harina
450 g de tomates maduros cortados
    en rodajas gruesas
1 cucharada de vinagre de vino tinto
100 g de queso de cabra cremoso
aceite de oliva para rociar
hojas de ensalada variadas para
    la guarnición

55 minutos • 4 raciones

1 Precalentar el horno a 200 ºC. Trocear la
patata y cocerla 10-12 minutos. Escurrir y
triturar. Mientras, fundir 25 g de la mantequilla
en un cazo pequeño y sofreír la cebolla hasta
que empiece a dorarse. Separar las hojas de
ramitas de tomillo y agregarlas al cazo, o añadir
la mitad del tomillo seco.
2 En un cuenco, mezclar a mano la harina con el
resto de la mantequilla. Añadir la cebolla, el jugo
del cazo y las patatas y sazonar. Hacer una pasta
blanda y aplastarla en una bandeja de horno
engrasada formando una torta de unos 23 cm.
3 Disponer los tomates sobre la masa y rociar
con el vinagre. Espolvorear con el tomillo restante
y sazonar. Desmenuzar el queso sobre la torta y
rociar con aceite. Hornear 35-40 minutos. Servir
con hojas para ensalada variadas como guarnición.

• Cada ración contiene: 434 kilocalorías, 11 g de
proteínas, 39 g de carbohidratos, 27 g de grasas, 16 g
de grasas saturadas, 3 g de fibra, 0 azúcares añadidos,
0,89 g de sal.

Utiliza el microondas para acelerar el horneado
de las patatas.

Patatas asadas con puerros y caballa

4 patatas grandes con piel para asar
50 g de mantequilla
2 puerros grandes (unos 500 g)
    cortados en rodajas finas
2 cucharadas de crema de rábanos
    picantes
3 filetes de caballa ahumada sin piel
    y desmenuzada
zumo de limón recién exprimido

1 hora y 10 minutos • 4 raciones

1 Precalentar el horno a 200 ºC. Hornear las
patatas durante 1 ¼ horas o hasta que estén
crujientes por fuera y tiernas por dentro.
2 Cuando las patatas estén casi hechas,
calentar la mitad de la mantequilla en un cazo.
Sofreír los puerros durante 6 minutos o hasta
que se ablanden, removiendo de vez en
cuando. Añadir la crema de rábanos, la caballa
desmenuzada y el zumo de limón, y sazonar.
3 Cortar por la mitad las patatas asadas
y chafar la pulpa con un tenedor. Repartir
la mezcla de puerro y caballa por encima
de las patatas, coronar con trocitos de la
mantequilla restante y servir calientes.

• Cada ración contiene: 619 kilocalorías, 24 g de
proteínas, 44 g de carbohidratos, 40 g de grasas, 13 g
de grasas saturadas, 6 g de fibra, 0 azúcares añadidos,
2,17 g de sal.

Usa preparado para masa de pizza y reducirás el tiempo de elaboración de esta receta al mínimo.

Pizza de atún

300 g de preparado para masa de pizza
2 cucharadas de aceite de oliva
   y un poco más para untar
2 cebollas cortadas en rodajas finas
200 g de tomate triturado en conserva
½ cucharadita de orégano seco
200 g de atún en conserva escurrido
85 g de olivas negras sin hueso
50 g de queso cheddar rallado
hojas de ensalada variadas para
   la guarnición

35 minutos • 4 raciones

1 Engrasar un molde metálico de horno. Verter el preparado para masa de pizza en un cuenco, añadir 250 ml de agua tibia y mezclar bien. Amasar unos 5 minutos y extender con el rodillo en una superficie enharinada hasta darle la extensión del molde. Poner la masa y untarla con aceite de oliva.

2 Precalentar el horno a 200 °C. Sofreír las cebollas hasta que se doren. Reservar. Disponer el tomate por encima de la base de pizza. Espolvorear con el orégano y sazonar.

3 Desmenuzar el atún en trozos grandes y ponerlo en la base con las olivas. Esparcir la cebolla y el queso por encima y hornear unos 15-20 minutos o hasta que la masa haya subido y esté dorada y hecha. Cortar en porciones y servir con ensalada como guarnición.

• Cada ración contiene: 633 kilocalorías, 28 g de proteínas, 91 g de carbohidratos, 18 g de grasas, 5 g de grasas saturadas, 6 g de fibra, 3 g azúcares añadidos, 3,52 g de sal.

Con masa de hojaldre ya preparada y salsa de queso,
esta coca estará lista en un momento.

Coca de espinacas y jamón

250 g de espinacas congeladas
2 huevos
300 g de salsa de queso preparada
150 ml de leche
225 g de jamón cocido cortado
   en lonchas finísimas
400 g de masa de hojaldre ya
   preparada (descongelada)

40 minutos • 6 raciones

1 Precalentar el horno a 200 °C. Descongelar las espinacas en el microondas durante 8 minutos en la opción «descongelar». Secarlas muy bien con papel de cocina. Batir los huevos junto con la salsa de queso, la leche y un poco de pimienta negra recién molida. Partir las lonchas de jamón por la mitad de forma irregular.
2 Desenrollar la masa y extenderla hasta cubrir un molde metálico de horno de unos 35 x 23 cm. Esparcir las espinacas sobre la masa y disponer el jamón por encima dejando que forme pliegues. Rociar con la mezcla de salsa de queso.
3 Hornear la coca durante 25-30 minutos o hasta que esté bien hecha y dorada por la parte superior.

• Cada ración contiene: 414 kilocalorías, 18 g de proteínas, 30 g de carbohidratos, 26 g de grasas, 5 g de grasas saturadas, 1 g de fibra, 0 azúcares añadidos, 2,21 g de sal.

Si las anchoas te parecen demasiado saladas, enjuágalas
con leche antes de incorporarlas a la torta.

Tarta de pizza de pepperoni

250 g de masa quebrada ya preparada
3 cucharadas de aceite de oliva
450 g de cebollas cortadas en rodajas
finas
2 dientes de ajo machacados
425 g de tomate triturado en conserva
escurrido
1 cucharadita de orégano seco
25 g de pepperoni en lonchas finas
85 g de queso cheddar curado rallado
50 g de filetes de anchoas en aceite
escurridos y partidos por la mitad
a lo largo
12 olivas negras
ensalada para la guarnición

1 hora y 15 minutos • 6 raciones

1 Desenrollar la masa y extenderla en un
molde llano de tarta de 23 cm. Guardar
en la nevera mientras se prepara el relleno.
Calentar el aceite en una cazuela y rehogar
las cebollas y el ajo durante 15 minutos
o hasta que estén tiernos. Dejar enfriar durante
10 minutos y poner encima de la masa.
2 Precalentar el horno a 220 ºC. Verter el
tomate por encima de las cebollas, espolvorear
con el orégano y coronar con el pepperoni.
Esparcir el queso por encima y colocar las
anchoas y las olivas como toque final.
3 Hornear durante 25-30 minutos hasta
que la masa esté hecha. Servir fría o caliente
con ensalada como guarnición.

• Cada ración contiene: 376 kilocalorías, 10 g de
proteínas, 28 g de carbohidratos, 25 g de grasas, 10 g
de grasas saturadas, 4 g de fibra, 0 azúcares añadidos,
1,68 g de sal.

Puedes hacer una torta grande aplastando la masa en una sartén.
Gratínala.

Tortitas de patata

700 g de patatas harinosas como
las Maris Piper cortadas en trozos
grandes

4 zanahorias cortadas a rodajas

350 g de col verde cortada en juliana

50 g de queso cheddar rallado

175 g de jamón cocido en una loncha
gruesa cortada en tacos

1 manojo de cebolletas cortadas
en rodajas finas

1-2 cucharadas de mostaza de grano
entero

25 g de mantequilla

2 cucharadas de aceite

PARA LA SALSA

400 g de tomate triturado en conserva

1 cucharada de puré de tomate
concentrado

1 cucharadita de azúcar

40 minutos más el tiempo de enfriar
• 4 raciones

1 Cocer las patatas y las zanahorias en agua
hirviendo con sal durante 15 minutos o hasta
que estén tiernas. Cocer la col al vapor durante
8 minutos. Escurrir bien. Poner otra vez las
patatas y las zanahorias en la cazuela y triturar.
2 Agregar la col, el queso, el jamón, la mitad
de las cebolletas y mostaza al gusto. Dividir la
mezcla en ocho partes y darles forma de tortitas
de unos 10 cm. Dejar enfriar unos 30 minutos.
Para hacer la salsa, guisar los tomates,
las cebolletas restantes, el puré de tomate,
el azúcar y sal al gusto durante 10 minutos.
3 Calentar la mitad de la mantequilla y del aceite
en una sartén. Freír 4 tortitas cada vez durante
3-4 minutos por cada lado hasta que se doren.
Mantener calientes mientras se fríen las otras
4 en el resto de la mantequilla y del aceite.
Servir con la salsa como guarnición.

• Cada ración contiene: 423 kilocalorías, 21 g de
proteínas, 45 g de carbohidratos, 19 g de grasas, 8 g de
grasas saturadas, 9 g de fibra, 1 g de azúcares añadidos,
2,03 g de sal.

Esta variante contemporánea de la salsa pesto tradicional
se prepara con berros, nueces y lima.

Tallarines con pesto de berro

350 g de tallarines
85 g de berros
100 g de nueces picadas
50 g de queso parmesano rallado
1 diente de ajo
la ralladura y el zumo de 2 limas
100 ml de aceite de oliva
chapata y ensalada de tomate
    para la guarnición

15 minutos • 4 raciones

1 Cocer la pasta en agua hirviendo con sal
según las instrucciones del paquete.
2 Mientras tanto, poner los berros, la mitad
de las nueces, el queso parmesano, el ajo,
la ralladura y el zumo de lima en un robot
de cocina y procesar hasta obtener una pasta.
Con el motor en marcha, verter poco a poco
el aceite de oliva. Sazonar.
3 Escurrir los tallarines y ponerlos otra vez
en la cazuela. Añadir la salsa y repartir la
pasta en platos hondos. Espolvorear con
las nueces restantes y servir con chapata
y ensalada de tomate como guarnición.

• Cada ración contiene: 763 kilocalorías, 20 g de
proteínas, 67 g de carbohidratos, 48 g de grasas,
8 g de grasas saturadas, 4 g de fibra, 0 azúcares
añadidos, 0,42 g de sal.

Prueba otras variantes utilizando queso azul o, si no eres vegetariano, tiras de beicon crujiente.

Espaguetis con tomate y queso brie

300 g de espaguetis
500 g de calabacines cortados
   por la mitad a lo largo
3 cucharadas de aceite de oliva
2 dientes de ajo cortados en láminas
   finas
la ralladura y el zumo de 1 limón
6 tomates maduros partidos en trozos
   irregulares
140 g de queso brie en dados

35 minutos • 4 raciones

1 Cocer los espaguetis en agua hirviendo con sal durante 10-12 minutos hasta que estén *al dente* o según las instrucciones del paquete. Mientras tanto, cortar los calabacines en medias lunas. Calentar el aceite en una sartén grande y sofreír los calabacines y el ajo 3-4 minutos o hasta que se ablanden.
2 Añadir la ralladura de limón, los tomates y unas 3 cucharadas del agua de hervir la pasta (suficiente para hacer una salsa). Guisar durante 3-4 minutos más o hasta que el tomate empiece a ablandarse. Retirar del fuego e incorporar el queso brie para que se funda un poco. Sazonar y añadir zumo de limón al gusto.
3 Escurrir bien los espaguetis y agregarlos a la salsa. Mezclar bien, repartir en platos hondos y servir.

• Cada ración contiene: 490 kilocalorías, 19 g de proteínas, 62 g de carbohidratos, 20 g de grasas, 7 g de grasas saturadas, 5 g de fibra, 0 azúcares añadidos, 0,66 g de sal.

Las verduras asadas adquieren un sabor dulce y apetitoso.

Pasta con verduras al horno

2 calabacines cortados en bastoncillos
1 pimiento rojo sin semillas cortado
    en tiras
2 dientes de ajo cortados en láminas
3 cucharadas de aceite de oliva
300 g de caracolas de pasta
200 ml de crème fraîche
2 cucharaditas de mostaza de grano
    entero
85 g de queso cheddar rallado

30 minutos • 4 raciones

1 Precalentar el horno a 220 °C. Poner los calabacines y el pimiento rojo en una fuente metálica para horno y esparcir por encima las láminas de ajo.

2 Rociar con aceite de oliva, sazonar y mezclar para asegurarse de que todas las verduras se empapan bien en aceite. Asar durante 15-20 minutos o hasta que las verduras estén tiernas y empiecen a dorarse.

3 Poner a hervir agua con sal en una cazuela grande. Agregar la pasta y cocer durante 10-12 minutos o hasta que esté *al dente*. Escurrir y mezclar con las verduras asadas, la crème fraîche, la mostaza y el queso cheddar rallado. Servir de inmediato.

• Cada ración contiene: 490 kilocalorías, 19 g de proteínas, 62 g de carbohidratos, 20 g de grasas, 9 g de grasas saturadas, 4 g de fibra, 0 azúcares añadidos, 0,58 g de sal.

Una cena rápida preparada con ingredientes que a buen seguro
tendrás en la despensa.

Espaguetis con champiñones y atún

350 g de espaguetis

PARA LA SALSA
2 cucharadas de aceite de oliva
1 diente de ajo picado
175 g de champiñones en láminas
1 taza de guisantes congelados
200 g de atún en salmuera escurrido
200 ml de crème fraîche
2 cucharadas de zumo de limón

20 minutos • 4 raciones

1 Cocer los espaguetis en una cazuela
grande con agua hirviendo y sal durante
10-12 minutos o hasta que estén *al dente*.
2 Mientras tanto, preparar la salsa. Calentar
el aceite en una sartén y saltear el ajo y los
champiñones durante 3 minutos o hasta
que los champiñones empiecen a ablandarse.
Agregar los guisantes y saltear durante otros
2 minutos sin dejar de remover. Añadir el atún
desmenuzado y verter la crème fraîche y el
zumo de limón. Sazonar. Calentar un poco.
3 Escurrir la pasta y poner otra vez en
la cazuela. Agregar la salsa y mezclar bien.
Servir en platos precalentados con una pizca
de pimienta molida como toque final.

• Cada ración contiene: 516 calorías, 26 g de proteínas,
73 g de carbohidratos, 16 g de grasas, 6 g de grasas
saturadas, 6 g de fibra, 0 azúcares añadidos, 0,72 g
de sal.

Prepara este plato con tiras de salmón ahumado para que no te salga muy caro.

Tallarines con salmón ahumado

1 cucharada de aceite vegetal
250 g de champiñones Portobello cortados en cuartos
375 g de tallarines frescos o secos
125 g de salmón ahumado envasado
3 cucharadas de perejil fresco picado
200 ml de crème fraîche
el zumo de ½ limón
ensalada para la guarnición

20 minutos • 4 raciones

1 Calentar el aceite en una sartén. Agregar los champiñones y rehogarlos durante 8 minutos o hasta que empiecen a oscurecerse.
2 Mientras tanto, poner a hervir agua con sal en una cazuela grande. Añadir la pasta y hervirla según las instrucciones del paquete.
3 Incorporar a la sartén los champiñones, el salmón, el perejil, la crème fraîche y el limón, y sazonar. Escurrir la pasta y volcarla enseguida en la salsa cremosa. Servir de inmediato con ensalada como guarnición.

• Cada ración contiene: 484 kilocalorías, 22 g de proteínas, 72 g de carbohidratos, 14 g de grasas, 6 g de grasas saturadas, 4 g de fibra, 0 azúcares añadidos, 1,64 g de sal.

Prueba este plato añadiendo alcaparras secas pasadas por agua
u olivas negras sin hueso justo antes de servirlo.

Pasta con atún a los dos quesos

300 g de plumas (o penne)
350 g de brócoli cortado en floretes
250 g de queso cottage con cebollino
140 g de queso cheddar curado rallado
200 g de atún en salmuera escurrido

20 minutos • 4 raciones

1 Cocer la pasta en una cazuela grande de agua hirviendo con sal durante 10-12 minutos o hasta que esté *al dente*, y añadir los floretes de brócoli durante los últimos 3-4 minutos de cocción.

2 Escurrir la pasta y el brócoli y ponerlos de nuevo en la cazuela caliente. Con cuidado, agregar el queso cottage y el cheddar para que se fundan al calor de la pasta.

3 Añadir los trozos de atún procurando que no se desmenucen demasiado. Sazonar y servir.

• Cada ración contiene: 533 calorías, 40 g de proteínas, 60 g de carbohidratos, 17 g de grasas, 9 g de grasas saturadas, 5 g de fibra, 0 azúcares añadidos, 1,54 g de sal.

*Asa los tomates para potenciar su dulzor
y concentrar el sabor.*

Pasta con tomate y salmón

2 cucharadas de hojas de orégano
    fresco o 1 cucharadita de seco
900 g de tomates maduros pequeños
2 cebollas cortadas en rodajas
1 diente de ajo muy picado
2 cucharadas de aceite de oliva
350 g de espaguetis
450 g de filete de salmón sin piel
    y sin espinas
pan de ajo para acompañar

40 minutos • 4 raciones

1 Precalentar el horno a 200 °C. Si se usa
orégano fresco, separar las hojas del tallo. Poner
la mitad de las hojas de orégano fresco, o todo
el seco, en una fuente para horno junto con
los tomates, las cebollas y el ajo. Rociarlo todo
con el aceite. Sazonar y mezclar bien. Hornear
durante 30 minutos, removiendo de vez
en cuando, hasta que los tomates se hayan
ablandado.
2 Cocer los espaguetis en agua hirviendo
con sal durante 10-12 minutos removiendo
de vez en cuando. Mientras, cortar el salmón
en tacos. Agregar a la fuente de los tomates
durante los 5 últimos minutos de cocción.
3 Escurrir la pasta y añadirle los tomates
con salmón por cucharadas. Espolvorear con
el orégano fresco restante, si se usa, y servir
caliente con pan de ajo como acompañamiento.

• Cada ración contiene: 615 calorías, 36 g de proteínas,
77 g de carbohidratos, 20 g de grasas, 4 g de grasas
saturadas, 6 g de fibra, 0 azúcares añadidos, 0,19 g de sal.

El caldo preparado (líquido o en pastilla) puede ser muy salado,
así que no sazones el plato hasta que la salsa esté lista.

Rigatoni con pollo a la menta

350 g de rigatoni
225 g de guisantes frescos
   o congelados
1 cucharada de mantequilla
1 cucharada de aceite vegetal
1 pimiento rojo sin semillas cortado
   en rodajas
4 pechugas de pollo peladas y
   deshuesadas cortadas en trozos
   de 2,5 cm
1 cebolla muy picada
1 diente de ajo muy picado
200 ml de caldo de pollo
4 cucharadas de menta fresca picada
   más unas hojas para decorar
1 cucharada de mostaza de grano
   entero
200 ml de crème fraîche

35 minutos • 4 raciones

1 Cocer la pasta en agua hirviendo con sal durante 10-12 minutos y añadir los guisantes durante los últimos 3 minutos.
2 Calentar la mantequilla y el aceite en una sartén grande. Agregar el pimiento rojo y sofreírlo durante 5 minutos o hasta que empiece a oscurecerse. Trasladarlo a un plato. Poner el pollo y la cebolla en la sartén y freírlos a fuego vivo durante 8 minutos o hasta que el pollo esté dorado. Añadir el ajo durante el último minuto.
3 Agregar el caldo, llevar a ebullición y guisar durante 3 minutos o hasta que el caldo se haya reducido a la mitad. Incorporar el pimiento rojo, la menta, la mostaza y la crème fraîche a la sartén. Sazonar con pimienta y añadir sal si es necesario. Escurrir la pasta, mezclar con el pollo y servir.

• Cada ración contiene: 718 kilocalorías, 51 g de proteínas, 80 g de carbohidratos, 23,8 g de grasas, 11,8 g de grasas saturadas, 6,3 g de fibra, 0 azúcares añadidos, 0,72 g de sal.

Este método rápido de preparación de la salsa te servirá también para otras recetas.

Penne con pollo y espinacas

350 g de pasta penne
175 g de espinacas congeladas
1 cucharada de aceite
4 muslos de pollo pelados y
    deshuesados cortados en tiras
1 diente de ajo picado muy fino
425 ml de leche semidesnatada
25 g de harina
25 g de mantequilla
140 g de queso cheddar curado rallado
nuez moscada recién rallada al gusto

50 minutos • 4 raciones

1 Cocer la pasta en agua hirviendo con sal 10 minutos y añadir las espinacas durante los últimos 3-4 minutos de cocción. Escurrir bien. Mientras tanto, calentar el aceite en un wok o en una sartén grande, agregar las tiras de pollo y el ajo y saltear durante 3-4 minutos o hasta que la carne esté dorada y hecha. Retirar de la sartén y reservar.
2 Verter la leche en la sartén, añadir la harina, después la mantequilla y, a fuego medio, batir con la batidora de varillas hasta que la bechamel esté espesa y suave. Agregar unos 85 g del queso y sazonar con sal, pimienta y nuez moscada.
3 Precalentar el gratinador al máximo. Incorporar el pollo a la salsa junto con la pasta y las espinacas. Trasladarlo todo a una fuente para horno, espolvorear con el queso restante y gratinar hasta que se dore.

• Cada ración contiene: 705 kilocalorías, 44 g de proteínas, 78 g de carbohidratos, 27 g de grasas, 13 g de grasas saturadas, 4 g de fibra, 0 azúcares añadidos, 1,11 g de sal.

El queso en crema con ajo y finas hierbas puede emplearse como una salsa casi instantánea para la pasta.

Pasta a las finas hierbas con guisantes y beicon

350 g de macarrones
350 g de guisantes congelados
1 pimiento rojo sin semillas cortado
    en trozos grandes
8 lonchas de beicon sin corteza
150 g de crema de queso con ajo
    y finas hierbas
300 ml de leche

20 minutos • 4 raciones

1 Cocer la pasta según las instrucciones del paquete. Unos 5 minutos antes de que finalice el tiempo de cocción, añadir los guisantes congelados y el pimiento rojo.
2 Mientras tanto, calentar la parrilla al máximo y asar el beicon hasta que esté crujiente. Partirlo en trozos del tamaño de un bocado.
3 Verter la leche y la crema de queso en una sartén grande. Calentar, sin dejar de remover, hasta que la salsa quede espesa y suave. Escurrir la pasta y las verduras, y mezclar con la salsa de queso y el beicon. Sazonar con pimienta negra recién molida.

• Cada ración contiene: 686 kilocalorías, 26 g de proteínas, 81 g de carbohidratos, 31 g de grasas, 16 g de grasas saturadas, 8 g de fibra, 0 azúcares añadidos, 1,71 g de sal.

Una cena barata y sencilla elaborada con ingredientes que sin duda tienes en la despensa.

Pasta con puerro, guisantes y jamón

300 g de espaguetis
175 g de guisantes congelados
25 g de mantequilla
1 puerro grande
4 huevos
140 g de jamón cocido ahumado
     cortado en tacos
85 g de queso cheddar o lancashire
     rallado

15 minutos • 4 raciones

1 Poner a hervir agua con sal en una cazuela grande. Agregar los espaguetis y cocer 10-12 minutos. Añadir los guisantes durante los últimos 3 minutos de cocción.
2 Mientras tanto, calentar la mantequilla en una cazuela. Lavar y cortar el puerro en rodajas. Poner en la cazuela y rehogar a fuego medio durante 3 minutos o hasta que se ablande.
3 Batir los huevos en un cuenco y sazonar. Escurrir la pasta y poner de inmediato en la cazuela. Añadir el puerro, los huevos, el jamón y la mitad del queso. Mezclar bien. Rectificar de sal y, antes de servir, espolvorear con el queso restante.

• Cada ración contiene: 553 kilocalorías, 32 g de proteínas, 61 g de carbohidratos, 22 g de grasas, 10 g de grasas saturadas, 6 g de fibra, 0 azúcares añadidos, 1,67 g de sal.

El beicon, el ajo y las hierbas aromáticas junto con las butifarras frescas aportan a este plato un sabor realmente delicioso.

Espaguetis con salchichas y tomate

1 cucharada de aceite de oliva
1 cebolla picada
450 g de butifarras frescas o salchichas
   a las finas hierbas
400 g de tomate triturado en conserva
1 hoja de laurel
1 pizca de azúcar
350 g de espaguetis
2 calabacines cortados en bastoncitos
   de 5 cm
50 g de queso parmesano rallado
   o de cheddar curado

45 minutos • 4 raciones

1 Calentar el aceite en una sartén y rehogar la cebolla durante 8 minutos, removiendo de vez en cuando, hasta que se dore. Retirar la piel de las salchichas y desecharla. Agregar estas a la sartén y sofreír durante 10 minutos más o hasta que se oscurezcan, rompiéndolas entre tanto con una espátula.

2 Añadir el tomate, el laurel y una pizca de azúcar y sazonar. Llevar a ebullición, tapar y guisar 15 minutos, hasta que la salsa esté lista.

3 Mientras tanto, cocer los espaguetis en agua hirviendo con sal durante 10-12 minutos o hasta que estén *al dente* e incorporar los calabacines durante los últimos 5 minutos del tiempo de cocción. Escurrir y agregar a la salsa junto con la mitad del queso. Servir caliente con el resto del queso espolvoreado por encima.

• Cada ración contiene: 690 kilocalorías, 33 g de proteínas, 78 g de carbohidratos, 30 g de grasas, 11 g de grasas saturadas, 4 g de fibra, 1 g de azúcares añadidos, 2,92 g de sal.

Prueba un tipo de salchicha distinto al que sueles consumir.
La mayoría de los supermercados ofrece diferentes variedades.

Pasta picante con salchichas

2 cucharadas de aceite de oliva
6 salchichas de buena calidad
1 cebolla muy picada
1 diente de ajo picado
400 g de tomate triturado en conserva
1 cucharadita de orégano seco
350 g de pasta tipo penne o rigatoni
1 cucharada de pesto rojo

35 minutos • 4 raciones

1 Calentar el aceite en una sartén y freír las salchichas a fuego vivo durante 8 minutos o hasta que se oscurezcan. Retirar de la sartén y cortar en trozos de 2,5 cm.
2 Sofreír la cebolla y el ajo en la sartén durante 5 minutos. Agregar el tomate, los trozos de salchicha y el orégano, y sazonar al gusto. Tapar, bajar el fuego al mínimo y guisar 10 minutos más. Mientras tanto, cocer la pasta en agua hirviendo con sal 10-12 minutos o hasta que esté *al dente*.
3 Cuando la salsa haya espesado, agregar el pesto. Escurrir la pasta y ponerla otra vez en la cazuela. Añadir la salsa y servir de inmediato.

• Cada ración contiene: 652 kilocalorías, 27 g de proteínas, 77 g de carbohidratos, 29 g de grasas, 8 g de grasas saturadas, 4 g de fibra, 0 azúcares añadidos, 2,17 g de sal.

Prepara el doble de albóndigas y de salsa, y congela la mitad
para otra ocasión.

Espaguetis picantes con albóndigas

15 g de hojas de hierbas aromáticas
  variadas (albahaca, orégano
  y perejil)
500 g de carne de cerdo picada
1 huevo batido
25 g de pan del día rallado
2 dientes de ajo machacados
2 cebollas grandes muy picadas
2 cucharadas de aceite
2 cucharadas de puré de tomate
  concentrado
1 kg de tomates maduros picados
½ cucharadita de azúcar
1 cucharada de mostaza de Dijon
350 g de espaguetis

1 hora y 10 minutos • 4 raciones

1 Picar el perejil y la albahaca, mezclar
con la carne picada, el huevo, el pan rallado,
el ajo y la mitad de la cebolla picada, y sazonar.
Hacer 20 albóndigas. Calentar el aceite en
una sartén grande. Freír las albóndigas durante
4-5 minutos, dándoles la vuelta varias veces,
hasta que se doren. Retirarlas de la sartén.
2 Rehogar la cebolla restante hasta que esté
dorada. Añadir el puré de tomate, los tomates,
el azúcar, 425 ml de agua y la mitad del orégano.
Guisar a fuego lento durante 5 minutos. Triturar la
mezcla con un robot de cocina hasta obtener un
puré. Poner de nuevo en la sartén.
3 Agregar la mostaza y las albóndigas. Cocinar
a fuego lento durante 20 minutos y sazonar.
Mientras tanto, cocer y escurrir los espaguetis.
Repartir en platos hondos y añadir las albóndigas
y la salsa. Espolvorear con el orégano restante.

• Cada ración contiene: 689 kilocalorías, 41 g de
proteínas, 88 g de carbohidratos, 22 g de grasas, 6 g de
grasas saturadas, 7 g de fibra, 1 g de azúcares añadidos,
0,77 g de sal.

Espaguetis de cocción rápida con un aderezo de cacahuetes
coronados con tiernos escalopes de carne de cerdo.

Espaguetis al cacahuete con escalope

250 g de espaguetis
2 cucharadas de aceite de oliva y un
    poco más para engrasar la plancha
4 escalopes de carne de cerdo
50 g de cacahuetes salados
2 cucharadas de salsa de soja
1 diente de ajo muy picado
1 manojo de cebolletas cortadas
    en rodajas
100 g de brotes de soja

25 minutos • 4 raciones

1 Cocer los espaguetis según las instrucciones del paquete. Mientras tanto, poner a calentar una plancha y untarle un poco de aceite. Sazonar los escalopes y cocinarlos en ella durante 2-3 minutos por cada lado hasta que estén bien hechos. Mantenerlos calientes.
2 Meter los cacahuetes en una bolsa y machacarlos con un rodillo. Escurrir la pasta.
3 Mezclar el aceite de oliva con la salsa de soja y el ajo e incorporar el aderezo a los espaguetis junto con las cebolletas, los brotes de soja y los cacahuetes. Sazonar con pimienta negra. Repartirlos en cuatro platos y coronar con el escalope.

• Cada ración contiene: 581 kilocalorías, 45 g de proteínas, 49 g de carbohidratos, 24 g de grasas, 4 g de grasas saturadas, 2 g de fibra, 0 azúcares añadidos, 2,02 g de sal.

Saca el máximo partido a ingredientes de preparación rápida como estos para crear un apetitoso sofrito. Los vegetarianos pueden reemplazar el lomo por champiñones.

Fideos con lomo y jengibre

2 cucharadas de aceite de girasol
450 g de lomo cortado en tiras de 1 cm
    de ancho
1 cucharada de raíz fresca de jengibre
    de 2,5 cm rallada
2 dientes de ajo muy picados
250 g de col rizada cortada en juliana
300 ml de caldo de pollo o vegetal
1 cucharada de salsa de soja
100 g de guisantes congelados
300 g de fideos precocinados
2 cucharadas de cilantro fresco picado
    para decorar

25 minutos • 4 raciones

1 Calentar el aceite a fuego vivo en un wok, añadir el lomo y freír durante 3-4 minutos, hasta que esté hecho. Agregar el jengibre y el ajo y sofreír 1-2 minutos más.
2 Incorporar la col y saltearla con el lomo hasta que estén bien mezclados. Verter el caldo y la salsa de soja.
3 Añadir los guisantes y los fideos, mezclar y guisar a fuego lento durante 5 minutos, hasta que la col esté hecha pero aún crujiente. Espolvorear con el cilantro y servir.

• Cada ración contiene: 337 kilocalorías, 31 g de proteínas, 28 g de carbohidratos, 12 g de grasas, 2 g de grasas saturadas, 4 g de fibra, 0 azúcares añadidos, 1,84 g de sal.

Prepara un poco más de marinada y congélala; la tendrás lista
para animar tus platos, en cualquier momento.

Pollo al piri piri

2 chiles rojos
1 pimiento rojo
3 cucharadas de vinagre de vino tinto
4 cucharadas de aceite de oliva
4 pechugas de pollo deshuesadas
    (con piel)
hojas de ensalada variadas
    para la guarnición

30 minutos más el tiempo de maceración
• 4 raciones (fáciles de duplicar)

1 Partir los chiles y el pimiento por la mitad
y extraer las semillas. Picar mucho los chiles y
un poco el pimiento. Introducirlos en un robot de
cocina, agregar el vinagre y el aceite y sazonar.
Hacer un puré no muy fino.
2 Abrir las pechugas de pollo por el lado de la
piel y colocarlas en una fuente para horno llana.
Rociar con ¾ partes de la marinada, dando
la vuelta al pollo para empaparlo bien. Dejarlo
en maceración al menos durante 10 minutos
o toda la noche en la nevera si es posible.
Reservar la marinada restante.
3 Calentar una plancha o una sartén de base
gruesa y cocinar el pollo durante 5-6 minutos
por lado. Servir sobre un lecho de hojas de
lechuga y rociar con la marinada reservada.

• Cada ración contiene: 393 kilocalorías, 27 g de
proteínas, 3 g de carbohidratos, 30 g de grasas, 7 g
de grasas saturadas, 1 g de fibra, 0 azúcares añadidos,
0,26 g de sal.

Una comida completa, con pollo tierno
y patatas nuevas tibias.

Ensalada con pollo a la plancha

450 g de patatas nuevas partidas
    por la mitad
4 pechugas de pollo deshuesadas
    y sin piel
5 cucharadas de aceite de oliva
el zumo de 1 limón
1 puñadito de cebollino fresco
    muy picado
4 cucharadas de nata con unas gotas
    de zumo de limón
1 lechuga romana cortada en juliana
250 g de tomates cherry partidos
    por la mitad

50 minutos • 4 raciones

1 Cocer las patatas en agua hirviendo con sal durante 15-20 minutos o hasta que estén tiernas. Mientras tanto, aplastar el pollo con un rodillo entre dos láminas de film transparente y sazonar. En un cuenco grande, mezclar el aceite de oliva, el zumo de limón y los cebollinos. Untar $1/3$ del aderezo al pollo.

2 Calentar una plancha o una sartén grande. Cocinar el pollo en ella durante 6-8 minutos, dándole la vuelta una vez. (Quizá tengas que hacerlo en varias tandas.) Incorporar la nata al resto del aderezo y sazonar.

3 Escurrir las patatas, dejarlas enfriar un poco y rociarlas con $1/3$ del aliño. Con la mitad del aderezo sobrante, aliñar también la lechuga y los tomates. Repartir en platos junto con las patatas. Colocar el pollo encima y rociar con el aliño que queda.

• Cada ración contiene: 412 kilocalorías, 37 g de proteínas, 22 g de carbohidratos, 20 g de grasas, 5 g de grasas saturadas, 2 g de fibra, 0 azúcares añadidos, 0,29 g de sal.

Sustituye el caldo de pollo por la misma cantidad de vino blanco seco o de sidra si lo prefieres.

Pollo con alubias blancas

2 cucharadas de aceite de oliva
4 pechugas de pollo deshuesadas
(con piel)
½ cucharadita de pimentón
1 cebolla pequeña muy picada
100 g de beicon muy picado
230 g de tomate triturado natural
en conserva
400 g de alubias blancas en conserva
escurridas
150 ml de caldo de pollo
1 chorrito de zumo de limón
2 cucharadas de perejil fresco picado

35 minutos • 4 raciones

1 Calentar el aceite en una sartén grande. Sazonar el pollo y espolvorear con el pimentón. Freír con la piel hacia abajo durante 8-10 minutos o hasta que esté dorado y crujiente. Darle la vuelta y cocinar durante 5-6 minutos más hasta que esté hecho. Retirarlo y mantenerlo caliente.
2 Incorporar la cebolla y el beicon a la sartén, y saltear durante 5 minutos, removiendo hasta que la cebolla esté blanda y el beicon crujiente.
3 Agregar los tomates, las alubias y el caldo. Remover bien y poner otra vez el pollo en la sartén. Llevar a ebullición, bajar el fuego al mínimo y guisar durante 2-3 minutos. Sazonar y rociar con zumo de limón. Espolvorear con el perejil. Servir directamente de la sartén.

• Cada ración contiene: 455 kilocalorías, 38 g de proteínas, 15 g de carbohidratos, 27 g de grasas, 7 g de grasas saturadas, 5 g de fibra, 2 g de azúcares añadidos, 1,52 g de sal.

El estragón fresco es insuperable, pero el congelado,
de venta en los supermercados, servirá también.

Gratinado de patatas con pollo al estragón

900 g de patatas harinosas
1 cucharada de aceite
25 g de mantequilla
1 cebolla pequeña muy picada
450 g de pechugas de pollo
    deshuesadas y sin piel cortadas
    en tiras de 1 cm
1 cucharada de estragón fresco picado
200 ml de crème fraîche
175 g de queso gruyère rallado
hojas de ensalada variadas
    para la guarnición

55 minutos • 4 raciones (fáciles
de duplicar)

1 Precalentar el horno a 200 ºC. Untar con
mantequilla el fondo de una fuente para horno
no muy honda. Cortar las patatas en rodajas
finas y cocerlas en agua hirviendo con sal 10
minutos o hasta que estén tiernas. Escurrir bien.
2 Calentar el aceite y la mantequilla. Sofreír la
cebolla 5 minutos. Agregar el pollo y freír a fuego
vivo hasta que esté bien dorado. Bajar el fuego,
añadir el estragón y la mitad de la crème fraîche
y sazonar.
3 Colocar la mitad de las patatas en la fuente,
encima la mezcla del pollo y cubrir con el resto
de las patatas. Coronar con cucharadas de
la crème fraîche sobrante y espolvorear con
el queso gruyère. Hornear 20-25 minutos
o hasta que esté bien gratinado. Servir con
hojas para ensalada variadas como guarnición.

• Cada ración contiene: 700 kilocalorías, 46 g de
proteínas, 42 g de carbohidratos, 40 g de grasas, 21 g
de grasas saturadas, 3 g de fibra, 0 azúcares añadidos,
1,2 g de sal.

Utiliza pavo picado para variar y añade salsa pesto
a fin de darle un sabor mediterráneo.

Pastelón mediterráneo de carne y patatas

2 cebollas
2 zanahorias
1 rama de apio
500 g de carne picada, por ejemplo
    pavo
100 g de beicon ahumado picado
2 cucharaditas de harina
284 ml de caldo vegetal u otro
150 ml de vino tinto
700 g de patatas peladas
1 cucharada de mantequilla
4 cucharadas de pesto rojo
25 g de queso parmesano rallado

1 hora y 15 minutos • 4 raciones

1 Precalentar el horno a 200 °C. Picar las cebollas, las zanahorias y el apio con un robot de cocina. En una cazuela, con el fuego bajo, calentar la carne picada hasta que empiece a desprender jugo. Agregar las verduras y el beicon y rehogar 15 minutos. Espolvorear con la harina y dejar al fuego 1 minuto. Verter el caldo y el vino, y guisar con la cazuela tapada, 30 minutos.
2 Cortar las patatas en trozos grandes y ponerlas a hervir 10 minutos. Escurrir bien y ponerlo en la cazuela. Agregar la mantequilla. Sazonar.
3 Mezclar el pesto con la carne, sazonar y trasladar a una fuente para horno llana. Con una cuchara, colocar los trozos de patata por encima, espolvorear con el queso y hornear 30 minutos o hasta que esté dorado. Servir de inmediato.

• Cada ración contiene: 518 kilocalorías, 42 g de proteínas, 40 g de carbohidratos, 19 g de grasas, 6 g de grasas saturadas, 4 g de fibra, 0 azúcares añadidos, 2,25 g de sal.

*Al guisarlas despacio, las cebollas se caramelizan,
lo que aporta dulzor al plato.*

Pollo con cebollas caramelizadas

1 cucharada de aceite de oliva
25 g de mantequilla
3 cebollas cortadas en rodajas finas
2 dientes de ajo muy picados
2 cucharadas de harina
8 muslos de pollo sin piel
300 ml de zumo de manzana sin azúcar
   añadido
1 cucharada de puré de tomate
   concentrado
puré de patatas o arroz para
   la guarnición

1 hora • 4 raciones

1 Calentar el aceite y la mantequilla en una sartén grande. Agregar las cebollas y mezclar bien. Bajar el fuego y guisar unos 15 minutos, hasta que se ablanden y adquieran un tono dorado oscuro. Añadir el ajo durante los últimos 5 minutos del tiempo de cocción.

2 Trasladar las cebollas y el ajo a un plato. Sazonar la harina. Enharinar el pollo y sacudir el exceso. Rehogar en la sartén durante 10 minutos dándole la vuelta una vez.

3 Agregar el zumo de manzana y después el puré de tomate. Mezclar bien, rascando el fondo de la sartén con una espátula. Volver a poner las cebollas en la sartén, tapar y guisar durante 20-25 minutos más hasta que el pollo esté bien hecho y la salsa haya espesado. Servir con puré de patatas o con arroz como guarnición.

• Cada ración contiene: 369 kilocalorías, 40 g de proteínas, 24 g de carbohidratos, 13 g de grasas, 6 g de grasas saturadas, 2 g de fibra, 0 azúcares añadidos, 0,57 g de sal.

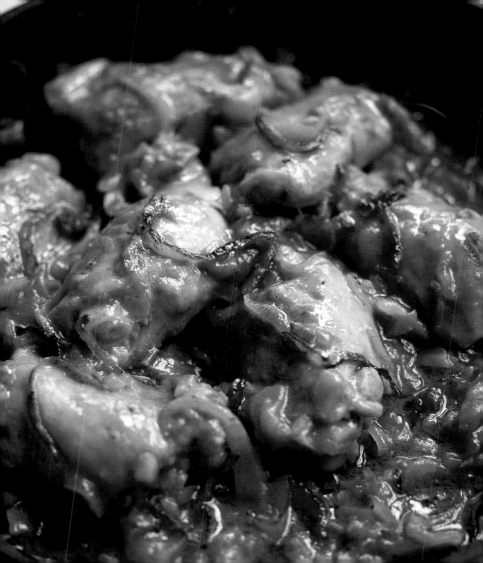

Invita a todos los comensales a rellenar sus propias fajitas
una vez sentados a la mesa.

Fajitas de chile y carne con alubias

500 g de carne de cordero o de ternera
   picada
1 cebolla picada
1 cucharadita de pimienta roja no muy
   picante
1 cucharadita de comino molido
400 g de tomate triturado en conserva
200 g de alubias rojas
8 fajitas de harina
1 puñado de hojas de lechuga iceberg
   cortadas en juliana
queso cheddar rallado, nata con unas
   gotas de zumo de limón y trozos de
   limón para acompañar

1 hora y 10 minutos • 4 raciones

1 Calentar la carne picada en una sartén a
fuego bajo para que desprenda un poco de
grasa. Subir el fuego, agregar la cebolla y sofreír
7 minutos, removiendo de vez en cuando para
separar la carne. Añadir la pimienta roja y el
comino, y saltear. Agregar el tomate triturado
y las alubias rojas, y llevar a ebullición.
2 Bajar el fuego, tapar y guisar unos 30 minutos,
hasta que la carne esté tierna. Sazonar. Calentar las
fajitas en el microondas 45 segundos en la opción
«alta» o envolver con papel de aluminio y meterlas
5 minutos en el horno precalentado a 190 °C.
3 Cubrir las fajitas con lechuga y añadir unas
cucharadas de la mezcla de carne. Espolvorear
con queso y aderezar con un poco de crema
de leche y zumo de limón. Plegarlas y comer de
inmediato.

• Cada ración contiene: 719 kilocalorías, 41 g de
proteínas, 69 g de carbohidratos, 33 g de grasas, 18 g
de grasas saturadas, 6 g de fibra, 0 azúcares añadidos,
1,84 g de sal.

La passata está hecha de tomates triturados y tamizados.
Compra la versión que incorpora albahaca.

Hamburguesas de tomate al horno

1 cucharada de aceite de oliva
1 cebolla grande muy picada
500 g de magro de ternera o de cordero
 picado
2 cucharadas de albahaca fresca
 picada
500 g de pasta de tomates con
 albahaca en conserva
hojas de ensalada variadas
 para la guarnición

50 minutos • 4 raciones

1 Precalentar el horno a 200 ºC. Calentar el aceite en una sartén y sofreír la cebolla durante unos 5 minutos o hasta que se ablande.
2 Poner la carne picada y 2 cucharadas de albahaca en un cuenco, agregar la cebolla sofrita y sazonar bien. Mezclar hasta que forme una pasta y con ella hacer 8-10 hamburguesas planas.
3 Verter una cuarta parte de la passata en una fuente para horno no muy honda. Colocar encima las hamburguesas en una sola capa. Calentar la passata y la albahaca restantes en una sartén. Sazonar. Llevar a ebullición y verter sobre las hamburguesas. Hornear durante 30 minutos. Servir con hojas para ensalada variadas como guarnición.

• Cada ración contiene: 297 kilocalorías, 30 g de proteínas, 11 g de carbohidratos, 15 g de grasas, 6 g de grasas saturadas, 1 g de fibra, 2 g de azúcares añadidos, 0,93 g de sal.

Es importante que las patatas no queden crudas;
asegúrate de que estén bien guisadas antes de aderezarlas.

Carne picada al curry con patatas

450 g de magro de cordero o de ternera picado
1 cucharada de aceite vegetal
1 cebolla pequeña picada
3 dientes de ajo muy picados
1 cucharada de jengibre fresco rallado
1 chile rojo fresco sin semillas cortado en rodajas finas
2 cucharaditas de comino molido
2 cucharaditas de cilantro en polvo
1 cucharada de pasta de curry korma (suave)
500 g de patatas con piel partidas por la mitad
100 g de espinacas frescas (sin tallos y con las hojas cortadas si son grandes)
150 ml de yogur griego
pan naan o chapata para acompañar

1 hora • 4 raciones

1 Calentar una sartén e incorporar la carne picada. Dorarla bien removiendo para desacerlas. Retirar de la sartén y reservar. Poner el aceite y la cebolla en la sartén y sofreír a fuego medio durante 5 minutos.
2 Agregar el ajo, las especias y la pasta de curry. Saltear durante 1 minuto. Añadir la carne picada, las patatas y 600 ml de agua. Llevar a ebullición, tapar y guisar a fuego lento durante 30 minutos. Sazonar con sal al gusto.
3 Incorporar las espinacas y guisar durante 1 minuto más con la sartén destapada hasta que pierdan la rigidez. Rociar con el yogur y servir con pan naan.

• Cada ración contiene: 353 kilocalorías, 32 g de proteínas, 26 g de carbohidratos, 14 g de grasas, 5 g de grasas saturadas, 2 g de fibra, 0 azúcares añadidos, 0,54 g de sal.

Este plato tendrá un sabor más fuerte si reemplazas el beicon
por 100 g de chorizo en rodajas o de otro embutido picante.

Patatas florentinas al gratín

900 g de patatas de cualquier tipo
6 lonchas de beicon ahumado o natural
350 g de espinacas congeladas (mejor
  si son cortadas)
200 ml de crème fraîche
140 g de queso gruyère o cheddar
  rallado grueso

40 minutos • 4 raciones

1 Precalentar el horno a 200 °C. Cortar
las patatas en rodajas gruesas y cocerlas
7-10 minutos o hasta que se ablanden. Escurrir.
Mientras, dorar el beicon en la parrilla y cortarlo
en trozos grandes. Descongelar las espinacas;
si son cortadas, se pueden utilizar sin
descongelar.
2 Disponer una capa de rodajas de patata
en una fuente para horno no muy honda
(de unos 1,2 l) untada con mantequilla.
Sazonar, esparcir las espinacas por encima
y añadir trocitos de beicon. Cubrir con el resto
de las patatas. Sazonar.
3 Agregar unas cucharadas de crème fraîche
y espolvorear con el queso rallado. Hornear
durante 25 minutos o hasta que esté bien
gratinado. Servir caliente directamente en la fuente.

• Cada ración contiene: 617 kilocalorías, 26 g de
proteínas, 41 g de carbohidratos, 40 g de grasas, 23 g
de grasas saturadas, 5 g de fibra, 0 azúcares añadidos,
2,49 g de sal.

Un gratín con mucho colorido que encantará a los niños.
Puedes servirlo con una guarnición de patatas asadas o en ensalada.

Puerros con jamón y maíz

4 puerros partidos por la mitad,
   pelados y lavados
225 g de jamón cocido cortado finísimo
200 g de maíz con pimiento
   en conserva escurrido
1 tomate grande sin semillas y picado
25 g de mantequilla
25 g de harina
300 ml de leche
2 cucharaditas de mostaza de grano
   entero
50 g de queso cheddar rallado

50 minutos • 4 raciones

1 Precalentar el horno a 200 °C. Dar un hervor a los puerros durante 2 minutos. Escurrir, refrescar debajo del grifo y volver a escurrir muy bien.
2 Envolver con jamón cada trozo de puerro. Depositarlos en una fuente para horno rectangular de 2,25 l con el fondo untado de mantequilla. Esparcir por encima el maíz con pimiento y el tomate.
3 Poner la mantequilla, la harina y la leche en una sartén y llevar la mezcla a ebullición, sin dejar de batir, para obtener una espesa bechamel. Agregar la mostaza, cocinar a fuego lento durante 2-3 minutos y verter sobre los puerros. Espolvorearlo todo con el queso y hornear 30 minutos o hasta que esté bien gratinado. Servir de inmediato.

• Cada ración contiene: 303 kilocalorías, 20 g de proteínas, 24 g de carbohidratos, 15 g de grasas, 8 g de grasas saturadas, 4 g de fibra, 3 g de azúcares añadidos, 2,17 g de sal.

Ideal para un picnic o para llevártela al trabajo en una fiambrera. Los vegetarianos pueden reemplazar el beicon por champiñones.

Quiche de huevos y beicon

masa quebrada hecha con 175 g
   de harina, 85 g de mantequilla
   y 2 cucharadas de agua
5 huevos
4 lonchas de beicon picadas
1 puerro grande picado
25 g de mantequilla
25 g de harina
300 ml de leche
2 cucharaditas de mostaza
50 g de queso cheddar rallado

1 hora y 30 minutos • 4 raciones (sobrará)

1 Precalentar el horno a 200 °C. Extender la masa con un rodillo y forrar con ella un molde para tarta de 23 cm; recortar los rebordes. Refrigerar 15 minutos y hornear en ciego 15 minutos más.
2 Mientras, hervir 2 huevos 8 minutos o hasta que estén duros. Refrescar y picar. Saltear y dorar el beicon con el puerro unos 3 minutos. Poner la mantequilla, la harina y la leche en un cazo a fuego lento, remover hasta conseguir una bechamel espesa. Cocinar 2 minutos más y agregar la mostaza.
3 Esparcir el puerro, el beicon y el huevo picado sobre la masa cocida. Batiendo, incorporar los huevos restantes a la bechamel y sazonar. Verter sobre la masa, añadir el queso y hornear 40 minutos o hasta que la quiche esté esponjosa y dorada.

• Cada ración contiene: 635 kilocalorías, 22 g de proteínas, 44 g de carbohidratos, 42 g de grasas, 23 g de grasas saturadas, 3 g de fibra, 0 azúcares añadidos, 1,9 g de sal.

Si utilizas masa quebrada precocinada ahorrarás
tiempo de preparación

Quiche de guisantes y jamón

250 g de masa quebrada precocinada
250 g de guisantes congelados
ya descongelados
4 huevos
200 ml de crème fraîche
85 g de queso cheddar curado rallado
85 g de jamón cocido en tacos

55 minutos • 6 raciones

1 Precalentar el horno a 200 °C. Extender la
masa y forrar con ella un molde hondo de tarta
de 20-22 cm. Pinchar la base ligeramente con
un tenedor, cubrirla con papel de aluminio
arrugado y hornear en ciego durante 15
minutos.
2 Mientras tanto, mezclar los huevos, la crème
fraîche y sal al gusto en un robot de cocina;
incorporar los guisantes, el queso y el jamón.
3 Retirar el papel de aluminio de la masa y bajar
el horno a 180 °C. Verter el relleno en la base
de la quiche. Hornear 35 minutos o hasta que
el relleno esté dorado y cuajado. Dejar enfriar un
poco antes de retirar del molde. Servir tibia o fría.

• Cada ración contiene: 437 kilocalorías, 16 g de
proteínas, 24 g de carbohidratos, 31 g de grasas, 16 g
de grasas saturadas, 3 g de fibra, 0 azúcares añadidos,
1,05 g de sal.

Con las sobras —si queda algo— tendrás un almuerzo
excelente para llevarte al trabajo.

Quiche de jamón y pimiento

250 g de masa quebrada precocinada
1 cebolla muy picada
1 diente de ajo machacado
1 pimiento rojo sin semillas y picado
1 cucharada de aceite de oliva
230 g de tomate triturado en conserva
100 g de jamón serrano finísimo
1 puñado de olivas negras (opcional)
3 huevos
3 cucharadas de leche
ensalada como guarnición

1 hora y 10 minutos • 4 raciones

1 Precalentar el horno a 200 °C. Forrar con
la masa un molde para tarta de 23 cm y base
extraíble. Hornear en ciego durante 15 minutos.
Sacar del molde y hornear 5 minutos más.
2 Sofreír la cebolla, el ajo y el pimiento rojo
en el aceite durante 4 minutos o hasta que
se ablanden. Dejar enfriar un poco. Bajar la
temperatura del horno a 190 °C. Verter la mezcla
de cebolla junto con el tomate triturado en la
base de la quiche. Disponer el jamón entre las
verduras. Poner las olivas encima, si se utilizan.
3 Batir los huevos junto con la leche y sazonar.
Verter en la base de la quiche. Hornear durante
25-30 minutos. Servir caliente o fría acompañada
de una ensalada.

• Cada ración contiene: 437 kilocalorías, 16 g de
proteínas, 35 g de carbohidratos, 27 g de grasas, 10 g
de grasas saturadas, 3 g de fibra, 0 azúcares añadidos,
1,22 g de sal.

Un plato sencillo que apetecerá a toda la familia.
Puedes elaborarlo también con otro tipo de alubias.

Asado de salchichas con alubias

2 cucharadas de aceite de oliva
12 salchichas a las finas hierbas,
	gruesas y de calidad
1 cebolla grande cortada en cuartos
6 lonchas de beicon sin corteza
	picadas
4 tallos de apio en rodajas
2 dientes de ajo machacados
600 ml de caldo vegetal o de pollo
3 cucharadas de puré de tomate
	concentrado
400 g de alubias blancas en conserva
	escurridas
2 cucharadas de mostaza de grano
	entero
pan de ajo para acompañar

40 minutos • 6 raciones

1 Precalentar el horno a 200 °C. Calentar
la mitad del aceite en una sartén y dorar las
salchichas de manera uniforme. Disponer
en una fuente para horno.
2 Agregar el resto del aceite, la cebolla,
el beicon, el apio y el ajo a la sartén y rehogar
hasta que se doren. Añadir el caldo y el puré
de tomate. Incorporar las alubias cuidando de
rascar con una espátula los restos que se hayan
adherido al fondo de la sartén. Esperar a que
hierva el caldo y verter la mezcla en la fuente
para horno.
3 Hornear, sin tapar, durante 15-20 minutos.
Sacar la fuente del horno, añadir la mostaza
y sazonar. Acompañar con pan de ajo caliente.

• Cada ración contiene: 429 kilocalorías, 23 g de
proteínas, 18,2 g de carbohidratos, 30 g de grasas,
9,9 g de grasas saturadas, 3,5 g de fibra, 0 azúcares
añadidos, 3,41 g de sal.

Antes de usar los pinchos de madera, sumérgelos
en agua durante 30 minutos para evitar que se quemen luego.

Brochetas de carne de cerdo
con orejones y jengibre

1 cucharadita de aceite
1 cebolla pequeña picada
1 diente de ajo muy picado
500 g de carne de cerdo o de cordero
    picada
1 trozo de jengibre fresco rallado
10 orejones muy picados
1 puñadito de perejil fresco picado
300 g de arroz de grano largo
½ cucharadita de cúrcuma
el zumo de ½ limón
150 ml de yogur natural

55 minutos • 4 raciones

1 Precalentar el horno a 200 ºC, o el gratinador
al máximo. Calentar el aceite en una sartén y
sofreír la cebolla y el ajo 5 minutos. Dejar enfriar
y trasladar a un cuenco junto con la carne
picada, el jengibre, los orejones y la mitad
del perejil. Sazonar.
2 Dividir la mezcla en cuatro partes y moldearla
alrededor de los pinchos. Ponerlos en una
fuente para asado y hornear 20 minutos. Si no,
poner la fuente o gratinar 10, hasta que estén
dorados, dándoles la vuelta de vez en cuando.
3 Hervir el arroz con 600 ml de agua y la
cúrcuma, tapado, durante unos 12-15 minutos
o hasta que esté en su punto y el agua se haya
evaporado. Mezclar el yogur con el resto del
perejil y el limón y verter sobre las brochetas.
Servir con el arroz.

• Cada ración contiene: 536 kilocalorías, 32 g de
proteínas, 75 g de carbohidratos, 14 g de grasas,
5 g de grasas saturadas, 1 g de fibra, 0 azúcares
añadidos, 0,31 g de sal.

Prepara el rollo, salvo la cobertura, la noche anterior.
Introdúcelo en el molde, tápalo y mételo en la nevera.

Rollo de carne de cerdo a las finas hierbas

1 cucharada de aceite
1 cebolla muy picada
2 lonchas de beicon ahumado
   sin corteza y picado
500 g de carne de cerdo picada
100 g de pan rallado del día
1 huevo mediano batido
1 cucharadita de sal
2 cucharadas de puré de tomate
   concentrado
2 cucharadas de estragón o tomillo
   seco
ensalada y patatitas hervidas como
   guarnición

PARA LA COBERTURA
2 lonchas de beicon ahumado
25 g de pan rallado
50 g de queso cheddar rallado

1 hora y 25 minutos • 4 raciones

1 Precalentar el horno a 180 °C. Calentar el aceite en una sartén y pochar la cebolla 3-4 minutos. Trasladar a un cuenco. Agregar el resto de los ingredientes y mezclar. Aplastar la mezcla en un molde para rollo de 450 g. Hornear, sin tapar, durante 1 hora.

2 Para la cobertura, dorar el beicon. Freír el pan rallado en la grasa del beicon unos 2 minutos. Unir en un cuenco con el queso y el beicon desmenuzado.

3 Esparcir la cobertura por encima del rollo, 5 minutos antes de que finalice el tiempo de cocción de la carne. Poner en el horno durante 5 minutos para que el queso se funda. Dejar reposar 10 minutos. Desmoldar con ayuda de un cuchillo. Cortar y servir con una ensalada y patatitas hervidas como guarnición.

• Cada ración contiene: 488 kilocalorías, 37 g de proteínas, 29 g de carbohidratos, 26 g de grasas, 10 g de grasas saturadas, 1 g de fibra, 0 azúcares añadidos, 3,01 g de sal.

Acelera la preparación usando pimientos en conserva,
ya asados, pelados y sin semillas.

Albóndigas con limón y tomillo

2 rebanadas de pan blanco sin corteza
   y partido en pedazos
2 cucharadas de leche
500 g de carne de cerdo picada
la ralladura de 1 limón
2 cucharaditas de tomillo seco
1 diente de ajo muy picado
1 cucharada de aceite de oliva
1 cebolla pequeña muy picada
250 g de champiñones portobello
   cortados en láminas
285 g de pimientos asados en conserva
   escurridos y picados
200 ml de crème fraîche
350 g de rigatoni cocidos y escurridos
   para acompañar

1 hora y 10 minutos • 4 raciones

1 Empapar el pan en la leche durante
5 minutos. Escurrir el pan y ponerlo en
un cuenco con la carne picada, la ralladura
de limón, el tomillo y el ajo. Sazonar. Mezclar
bien y hacer 20 albóndigas.
2 Calentar el aceite en una sartén. Tapar
y guisar las albóndigas durante 20 minutos
hasta que estén doradas de manera uniforme.
Retirar y mantener calientes.
3 Agregar la cebolla a la sartén y sofreír
5 minutos hasta que esté blanda pero no
dorada. Añadir los champiñones y guisar
durante 8 minutos hasta que empiecen
a oscurecerse. Incorporar los pimientos
y la crème fraîche, calentar y sazonar.
Mezclar la pasta con la salsa, repartir
en platos y añadir las albóndigas.

• Cada ración contiene: 753 kilocalorías, 38 g de
proteínas, 73 g de carbohidratos, 36 g de grasas, 14 g
de grasas saturadas, 4 g de fibra, 0 azúcares añadidos,
0,67 g de sal.

Una sencilla cobertura convierte una corriente chuleta de cerdo en un manjar.

Chuletas de cerdo con queso gorgonzola

4 chuletas de cerdo sin hueso
   de 150-225 g cada una
1 cucharada de aceite de oliva
1 cucharada de pesto verde
3 tomates pequeños cortados
   en rodajas finas
100 g de queso gorgonzola cortado
   en lonchas gruesas
patatitas hervidas y ensalada
   para la guarnición

20 minutos • 4 raciones

1 Precalentar el gratinador al máximo. Untar aceite de oliva en las chuletas y sazonar bien. Colocarlas en una fuente para asado y gratinar durante 4-5 minutos. Darles la vuelta y gratinarlas otros 4-5 minutos.

2 Sacar las chuletas del gratinador. Untarlas con el pesto. Colocarles encima las rodajas de tomate y sobre estas las lonchas de queso.

3 Gratinar durante 2-4 minutos más o hasta que el queso esté fundido. Servir de inmediato con patatitas hervidas y una ensalada como guarnición.

• Cada ración contiene: 351 kilocalorías, 36 g de proteínas, 1 g de carbohidratos, 22 g de grasas, 9 g de grasas saturadas, 0 fibra, 0 azúcares añadidos, 1,11 g de sal.

Esta sabrosa salsa se conserva bien en la nevera.
Sírvela también con salchichas o con hamburguesas.

Asado de carne de cerdo
con cebolla confitada

2 filetes de cerdo de 300-350 g
    cada uno
patatas hervidas para la guarnición

PARA CONFITAR
450 g de cebollas peladas cortadas
    en rodajas finas
25 g de mantequilla
85 g de azúcar mascabado
100 ml de vinagre de vino tinto

1 hora y 5 minutos • 4 raciones

1 Precalentar el horno a 190 ºC. Poner los filetes de cerdo en una fuente para asado y sazonar. Asar durante 25-30 minutos o hasta que estén bien hechos.
2 Mientras tanto, rehogar la cebolla en una cazuela con la mantequilla durante 10 minutos o hasta que esté blanda y un poco oscura. Agregar el azúcar y el vinagre y guisar sin tapar durante 25-30 minutos más, removiendo de vez en cuando, hasta que la cebolla esté un poco caramelizada y muy blanda.
3 Sacar la carne del horno. Tapar con papel de aluminio y dejar reposar durante 5 minutos antes de cortarla en lonchas gruesas. Cubrir con cucharadas de cebolla confitada caliente y servir con patatas hervidas como guarnición.

• Cada ración contiene: 346 kilocalorías, 34 g de proteínas, 29 g de carbohidratos, 11 g de grasas, 5 g de grasas saturadas, 2 g de fibra, 20 g de azúcares añadidos, 0,63 g de sal.

Los rösti son pastelillos de patata rallada. En este caso, se ha añadido atún para preparar uno del tamaño de una tortilla.

Rösti de atún

750 g de patatas sin pelar
3 cucharadas de aceite de girasol
1 cebolla grande en rodajas
200 g de atún en conserva escurrido
4 huevos
800 g de alubias cocidas en conserva

45 minutos • 4 raciones

1 Cocer las patatas con piel 10 minutos. Mientras, calentar 1 cucharada de aceite en una sartén y dorar la cebolla. Escurrir las patatas y, ya frías, pelarlas. Rallarlas gruesas en un cuenco. Añadir la cebolla y el atún; sazonar y mezclar bien.
2 Calentar el resto del aceite en la sartén. Con una espátula, aplastar la mezcla de patata como una torta. Cocinar a fuego lento durante 10 minutos o hasta que la parte inferior se haya dorado. Dar la vuelta al rösti y cocinar por el otro lado 8-10 minutos.
3 Mientras tanto, freír los huevos y calentar las alubias en una sartén. Trasladar el rösti de la sartén a un plato llano. Cortar en porciones triangulares y acompañar con los huevos fritos y las alubias cocidas como guarnición.

• Cada ración contiene: 511 kilocalorías, 30 g de proteínas, 67 g de carbohidratos, 16 g de grasas, 3 g de grasas saturadas, 10 g de fibra, 7 g de azúcares añadidos, 3,34 g de sal.

Los rectángulos de hojaldre, horneados previamente,
serán las «tapas» del pastelillo.

Pastelillos de atún y hojaldre

375 g de masa de hojaldre precocinada
25 g de mantequilla
1 cebolla picada
1 pimiento rojo pequeño sin semillas
 y picado
25 g de harina
600 ml de leche
700 g de patatas peladas y cortadas
 en trozos grandes
225 g de brócoli cortado en floretes
185 g de atún en salmuera escurrido
1 puñadito de perejil fresco picado

45 minutos • 4 raciones

1 Precalentar el horno a 200 °C. Recortar
el hojaldre en 4 rectángulos. Colocar en una
bandeja. Con un cuchillo, hacerles unas marcas
diagonales en la parte superior y hornear 15-18
minutos hasta que la masa crezca y se dore.
2 Mientras, fundir la mantequilla en una cazuela
y pochar la cebolla y el pimiento. Incorporar la
harina y remover 1 minuto. Ir añadiendo la leche
poco a poco. Mantener al fuego la bechamel,
sin dejar de remover, hasta que haya espesado.
3 Agregar las patatas y guisar a fuego lento,
con la cazuela tapada, 10 minutos. Añadir
el brócoli y cocinar unos 10 minutos hasta
que esté tierno. Incorporar el atún a la cazuela
y calentar. Sazonar, añadir el perejil y repartir
con una cuchara en platos llanos. Coronar
cada plato con una tapa de hojaldre.

• Cada ración contiene: 721 kilocalorías, 26 g de
proteínas, 86 g de carbohidratos, 34 g de grasas,
7 g de grasas saturadas, 5 g de fibra, 0 azúcares
añadidos, 1,42 g de sal.

Un tarro de pesto preparado se convierte en un aliño instantáneo
y sabroso. Las espinacas se ablandarán al calor de las patatas.

Ensalada tibia de atún y patatas

650 g de patatas nuevas cortadas
    por la mitad a lo largo si son grandes
2 cucharadas de salsa pesto (mejor
    si es fresca)
4 cucharadas de aceite de oliva
8 tomates cherry
175 g de atún en conserva escurrido
225 g de judías verdes partidas
    por la mitad
2 puñados de espinacas (mejor baby)
    partidas si las hojas son grandes
pan crujiente para acompañar

20 minutos • 4 raciones

1 Cocer las patatas en una cazuela con agua
hirviendo y sal durante 8-10 minutos.
2 Mientras tanto, mezclar el pesto y el aceite.
Partir los tomates por la mitad, escurrir el atún
y desmenuzarlo. Añadir las judías a las patatas
durante los últimos 3 minutos del tiempo de
cocción de estas últimas.
3 Escurrir las patatas y las judías, y trasladarlas
a una fuente para ensalada. Agregar las
espinacas para que se ablanden un poco al
calor de las verduras. Sazonar. Esparcir por
encima los tomates y el atún, rociar con la salsa
pesto y mezclar. Acompañar con pan crujiente.

• Cada ración contiene: 336 kilocalorías, 15 g de
proteínas, 28 g de carbohidratos, 19 g de grasas,
3 g de grasas saturadas, 3 g de fibra, 0 azúcares
añadidos, 0,45 g de sal.

En vez de usar sopa, puedes utilizar salsa de champiñones
o de tomate que tengas en la nevera.

Pasta con atún y brócoli al horno

300 g de macarrones o rigatoni
400 g de brócoli cortado en floretes
  pequeños
200 g de atún en conserva escurrido
1 lata de sopa de champiñones
  condensada (unos 300 g)
150 ml de leche
100 g de queso cheddar rallado
1 bolsa pequeña de patatas fritas con
  sal

30 minutos • 4 raciones

1 Precalentar el horno a 200 °C. Cocer
la pasta en agua hirviendo con sal durante
10-12 minutos. Agregar el brócoli durante los
últimos 3 minutos de cocción y escurrir.
2 Trasladar la pasta y el brócoli a una fuente
para horno no muy honda. Esparcir el atún
por encima. Mezclar la sopa con la leche,
verter sobre la pasta y remover con cuidado.
3 Espolvorear dos terceras partes del queso.
Machacar un poco las patatas en la bolsa
y dejarlas caer sobre la pasta. Añadir el queso
restante como toque final. Hornear durante
15 minutos o hasta que la parte superior esté
dorada. Servir de inmediato.

• Cada ración contiene: 572 kilocalorías, 33 g de
proteínas, 69 g de carbohidratos, 20 g de grasas,
8 g de grasas saturadas, 5 g de fibra, 0 azúcares
añadidos, 2,41 g de sal.

*Una cena sencilla y nutritiva preparada
con una simple lata de salmón.*

Patatas gratinadas con salmón

650 g de patatas con piel cortadas
   en rodajas a lo largo
100 g de guisantes congelados
200 g de salmón en conserva
200 ml de crème fraîche
100 g de cheddar curado rallado
   grueso

25 minutos • 4 raciones

1 Hervir las patatas en agua con sal durante unos 10 minutos, hasta que estén casi blandas sin llegar a romperse. Agregar los guisantes congelados y cocer durante otros 2-3 minutos. Escurrir bien y trasladar a un cuenco. Precalentar el gratinador al máximo.

2 Escurrir el salmón y desmenuzarlo en trozos grandes, después mezclarlo con cuidado con las patatas y los guisantes. Sazonar al gusto y ponerlo todo en una fuente resistente al calor no muy honda.

3 Verter la crème fraîche por encima, mezclarla un poco y espolvorear con el queso. Gratinar durante unos minutos hasta que la parte superior esté dorada.

• Cada ración contiene: 465 kilocalorías, 22 g de proteínas, 31 g de carbohidratos, 29 g de grasas, 15 g de grasas saturadas, 3 g de fibra, 0 azúcares añadidos, 1,10 g de sal.

¿Piensas que no tienes tiempo de preparar un plato como este?
Hazlo en el microondas.

Cazuela de salmón con maíz

2 puerros de unos 300 g en total
700 g de patatas harinosas
300 ml de leche entera
300 ml de caldo vegetal
200 g de maíz con pimiento
   en conserva escurrido
450 g de filetes de salmón sin piel
   cortados en dados de 2,5 cm
1 buen chorro de tabasco
1 puñadito de perejil fresco picado

25 minutos • 4 raciones

1 Partir los puerros por la mitad a lo largo
y luego cortarlos en rodajas. Reservar. Pelar las
patatas, trocearlas y ponerlas en un recipiente
para microondas junto con la leche y el caldo.
2 Guisar las patatas en la opción «alta» del
microondas durante 8 minutos o hasta que
empiecen a ablandarse. Agregar los puerros
y cocinar 5 minutos más. Mezclar bien con
ayuda de un tenedor aplastando más o menos
la mitad de las patatas contra los lados del
recipiente para romperlas y espesar el caldo.
3 Agregar el maíz y el salmón, y sazonar.
Guisar en la opción «alta» durante 3 minutos,
justo hasta que el salmón esté hecho. Añadir
el tabasco y el perejil. Servir de inmediato.

• Cada ración contiene: 453 kilocalorías, 32 g de
proteínas, 47 g de carbohidratos, 17 g de grasas, 4 g de
grasas saturadas, 5 g de fibra, 3 g de azúcares añadidos,
0,85 g de sal.

El salmón es un pescado asequible; aun así, te parecerá un manjar.

Salmón con migas a la naranja

85 g de pan rallado del día
  (2 rebanadas gruesas de pan
  blanco)
2 cucharadas de aceite de oliva
  y un poco más para engrasar
la ralladura y el zumo de 1 naranja
4 cucharadas de perejil fresco picado
4 filetes de salmón sin piel y sin espinas
  de unos 140 g cada uno
700 g de patatas nuevas
3 cucharadas de mayonesa

35 minutos • 4 raciones

1 Precalentar el horno a 200 °C. Mezclar el pan rallado, el aceite, la ralladura de naranja y la mitad del perejil. Sazonar.

2 Colocar los filetes de salmón en una fuente para horno forrada con papel de aluminio un poco engrasado. Aplastar las migas con naranja sobre cada filete para que se adhieran. Hornear durante 15-20 minutos hasta que el salmón esté en su punto y la cobertura dorada.

3 Mientras tanto, cocer las patatas en agua hirviendo con sal durante 12-15 minutos o hasta que se ablanden, y escurrir. Incorporar el perejil restante a la mayonesa y aclararla con un poco de zumo de naranja hasta que tenga la consistencia de la nata. Servir el salmón con las patatas y la mayonesa como guarnición.

• Cada ración contiene: 611 kilocalorías, 34 g de proteínas, 46 g de carbohidratos, 33 g de grasas, 6 g de grasas saturadas, 3 g de fibra, 0 azúcares añadidos, 0,8 g de sal.

Puedes usar salmón en conserva bien escurrido
en lugar de fresco.

Pastelillos de salmón con eneldo

700 g de patatas cortadas en trozos
    grandes
100 ml de leche
300 g de filetes de salmón sin espinas
    y sin piel
1 cucharada de mantequilla
1 cebolla pequeña muy picada
2 cucharaditas de salsa cremosa
    de rábanos
1 cucharada colmada de eneldo fresco
    picado
aceite vegetal para freír
1 huevo batido
225 g de pan rallado
patatas fritas o patatitas hervidas,
    y ensalada de tomate y cebolla
    para la guarnición

40 minutos • 4 raciones

1 Cocer las patatas en agua con sal hasta que
se ablanden. Escurrir y triturar. Poner la leche y
el salmón en una sartén. Llevar a ebullición, tapar
con papel de aluminio y guisar a fuego lento
3-4 minutos, hasta que el salmón esté hecho.
Retirar del fuego y dejar reposar 5 minutos. Escurrir
y desmenuzar el pescado. Reservar la leche.
2 Calentar la mantequilla en una cazuela
y rehogar la cebolla. Mezclar con las patatas
trituradas, 2 cucharadas de la leche reservada,
la crema de rábanos y el eneldo. Sazonar.
Mezclar con el pescado desmenuzado.
3 Dividir la mezcla en ocho pastelillos. Calentar
1 cm de aceite en la sartén. Rebozar cada
pastelillo en huevo y pan rallado. Freír por ambos
lados. Servir con patatas fritas o patatitas
hervidas y con la ensalada como guarnición.

• Cada ración contiene: 644 kilocalorías, 27 g de
proteínas, 72 g de carbohidratos, 92 g de grasas,
6 g de grasas saturadas, 4 g de fibra, 0 azúcares
añadidos, 1,27 g de sal.

Las galletitas saladas trituradas constituyen un rebozado
muy crujiente para los pastelillos de pescado.

Pastelillos crujientes de bacalao con maíz

4 cucharadas de leche
500 g de bacalao en filetes
200 g de maíz en conserva escurrido
6 cebolletas muy picadas
750 g de patatas harinosas cocidas
    y trituradas con mantequilla
2 huevos
12 galletas saladas machacadas
    en migas pequeñas
aceite para freír
hojas de ensalada variadas y salsa
    de tomate para la guarnición

35 minutos • 4 raciones

1 Poner la leche y el pescado en una sartén.
Llevar a ebullición, tapar y guisar durante
4-5 minutos, en función del grosor de los filetes.
Se debería desmenuzar fácilmente. Reservar hasta
que esté lo bastante frío como para manipularlo.
2 Agregar el maíz y las cebolletas al puré de patatas
y sazonar. Sacar el pescado con una espumadera y
mezclar con el puré, cuidando de no romperlo
demasiado. Dividir en 8 pastelillos redondos.
3 Batir los huevos con un tenedor. Rebozar
cada pastelillo con huevo y migas de galleta.
Calentar un poco de aceite en una sartén
y freír los pastelillos, 4 cada vez, durante
unos 3 minutos. Dar la vuelta con cuidado y freír
3 minutos más o hasta que estén crujientes
y dorados. Servir con una ensalada y un poco
de salsa de tomate como guarnición.

• Cada ración contiene: 628 kilocalorías, 33 g de
proteínas, 57 g de carbohidratos, 31 g de grasas, 8 g de
grasas saturadas, 3 g de fibra, 3 g de azúcares añadidos,
1,3 g de sal.

Para un sabor óptimo, consume la caballa lo más fresca posible.

Paquetes de caballa asada

2 caballas enteras
1 limón
4 ramitas de romero fresco
2 dientes de ajo cortado en láminas
1 cebolla roja pequeña cortada en
    rodajas finas
4 cucharadas de sidra o de zumo
    de manzana
patatas cocidas espolvoreadas
    con perejil como guarnición

30 minutos • 2 raciones

1 Precalentar el horno a 200 °C. Colocar cada caballa en un cuadrado grande de papel de aluminio sobre una bandeja de horno. Sazonar el pescado por dentro y por fuera.
2 Cortar el limón en rodajas y partir estas por la mitad. Rellenar las caballas con las rodajas de limón, un par de ramitas de romero y unas pocas láminas de ajo. Esparcir la cebolla por encima y rociar cada pescado con 2 cucharadas de sidra o de zumo de manzana.
3 Envolverlos haciendo un paquete suelto con el papel de aluminio y hornear durante 25 minutos. Servir con patatas cocidas espolvoreadas con perejil como guarnición

• Cada ración contiene: 460 kilocalorías, 37 g de proteínas, 7 g de carbohidratos, 31 g de grasas, 6 g de grasas saturadas, 1 g de fibra, 0 azúcares añadidos, 0,32 g de sal.

Un plato fácil para dar de comer a un regimiento,
que se guisa y se sirve en una misma fuente.

Pasta al horno con gambas y tomate

450 g de puerros cortados en rodajas
    finas
900 g de tomates maduros cortados
    en cuartos
3 cucharadas de aceite de oliva
600 g de pasta como macarrones
    o rigatoni
225 g de gambas peladas
    descongeladas si son congeladas
2 cucharadas de pasta de tomate
    deshidratado al sol
150 ml de caldo vegetal
3 cucharadas de perejil fresco picado
150 ml nata para montar
150 g de queso mozzarella rallado
4 cucharadas de queso parmesano
    recién rallado
1 rebanada gruesa de pan
    desmenuzada

1 hora y 15 minutos • 8 raciones

1 Precalentar el horno a 200 °C. Poner los
puerros y los tomates en un gran recipiente
para horno y rociar con aceite de oliva. Sazonar
y mezclar bien. Hornear unos 30 minutos.
2 Mientras tanto, cocer la pasta durante
10-12 minutos o hasta que esté *al dente*
y escurrir. Agregar al recipiente junto con las
gambas. Sazonar. Mezclar la pasta de tomate
y puerros con el caldo y verter sobre la pasta.
Espolvorear con el perejil y rociar con la nata.
Dejar caer por encima la mozzarella, el
parmesano y las migas de pan.
3 Hornear durante 15-20 minutos más o hasta
que la parte superior esté gratinada y crujiente.
Servir directamente en el recipiente.

• Cada ración contiene: 506 kilocalorías, 21 g de
proteínas, 65 g de carbohidratos, 20 g de grasas,
9 g de grasas saturadas, 5 g de fibra, 0 azúcares
añadidos, 0,65 g de sal.

Un vistoso picadillo convierte una pechuga de pollo
en una delicia.

Pollo con picadillo de pimiento rojo

4 pechugas de pollo sin piel
1 pimiento rojo pequeño sin semillas
2 dientes de ajo
un buen puñado de perejil fresco
2 cucharadas de aceite de oliva
pasta o patatitas hervidas y hojas de
    ensalada variadas para la guarnición

30 minutos • 4 raciones

1 Precalentar el horno a 200 ºC. Disponer las pechugas de pollo en un molde o en una fuente para horno llana. Sazonar.
2 Cortar el pimiento en trozos grandes y el ajo muy fino. Poner en un robot de cocina con el perejil y pulsar unas cuantas veces hasta que la mezcla esté bastante picada. Agregar el aceite y sazonar abundantemente. Aplicar el picadillo sobre el pollo.
3 Verter 2 cucharadas de agua en la base de la fuente y asar el pollo, sin tapar, durante 25 minutos. Servir con pasta o patatitas hervidas y la ensalada como guarnición.

• Cada ración contiene: 210 kilocalorías, 23 g de proteínas, 5 g de carbohidratos, 11 g de grasas, 2 g de grasas saturadas, 1 g de fibra, 0 azúcares añadidos, 0,19 g de sal.

El cuscús es el complemento ideal para este plato; solo tendrás
que añadirle agua y desmenuzarlo con un tenedor.

Pollo al estilo marroquí

4 muslos de pollo deshuesados
   y sin piel (500 g en total)
300 ml de caldo de pollo o vegetal
2 cebollas muy picadas
3 cucharadas de aceite de oliva
1 cucharada de miel clara
1 cucharadita de comino molido
   y 1 de cilantro
1 pizca de chile y 1 de canela molidos
225 g de calabacines cortados
   en bastoncillos
400 g de guisantes en conserva
   escurridos
3 cucharadas de perejil fresco picado
el zumo de 1 limón
cuscús o arroz cocido para
   la guarnición

50 minutos • 4 raciones

1 Poner el pollo, el caldo, las cebollas, el aceite,
la miel, las hierbas aromáticas y las especias
en una cazuela y sazonar. Llevar a ebullición,
tapar y guisar a fuego lento durante 25 minutos
o hasta que el pollo esté tierno.
2 Añadir los calabacines y los guisantes
y cocinar durante 10 minutos más.
3 Espolvorear con el perejil y rociar con el
zumo de limón. Sazonar al gusto. Acompañar
con cuscús o con arroz como guarnición.

• Cada ración contiene: 539 kilocalorías, 39 g de
proteínas, 52 g de carbohidratos, 21 g de grasas,
4 g de grasas saturadas, 6 g de fibra, 3 g de azúcares
añadidos, 1,12 g de sal.

Cocinado así, el pollo adquiere una untuosa costra
deliciosamente agridulce.

Pollo a la miel con limón

3 limones
50 g de mantequilla
3 cucharadas de miel clara
1 diente de ajo muy picado
las hojas de 4 ramitas de romero
8 muslos de pollo
750 g de patatas cortadas en trozos
   no muy grandes
hojas de ensalada variadas para
   la guarnición

1 hora y 20 minutos • 4 raciones

1 Precalentar el horno a 200 ºC. Exprimir el
zumo de 2 limones y ponerlo en un cazo con la
mantequilla, la miel, el ajo y el romero, y sazonar.
Calentar a fuego lento hasta que se funda la
mantequilla.
2 Disponer el pollo en una sola capa en un
molde para horno no muy hondo. Poner las
patatas alrededor del pollo. Rociar la carne
y las patatas con la mantequilla al limón,
dando la vuelta a las patatas para empaparlas
bien. Cortar el resto del limón en 8 gajos
y colocarlos entre las patatas.
3 Asar el pollo de 50 minutos a 1 hora,
removiendo un par de veces durante el
proceso, hasta que la carne esté bien hecha
y las patatas crujientes y doradas. Servir con
ensalada variada como guarnición.

• Cada ración contiene: 647 kilocalorías, 39 g de
proteínas, 47 g de carbohidratos, 35 g de grasas,
14 g de grasas saturadas, 3 g de fibra, 12 g de azúcares
añadidos, 0,06 g de sal.

Puedes hacer este guiso con otras verduras como judías verdes
y guisantes en lugar de espárragos y tirabeques.

Pollo con verduras de primavera

2 cucharadas de aceite de oliva
1 cebolla muy picada
4 muslos de pollo deshuesados
    y sin piel partidos por la mitad
700 g de patatas nuevas partidas
    por la mitad si son grandes
225 g de zanahorias cortadas
    en rodajas
1 hoja de laurel
300 ml de caldo de pollo
200 g de tirabeques
250 g de espárragos verdes troceados
el zumo de 1 limón
1 puñadito de estragón fresco picado
200 ml de crème fraîche

40 minutos • 4 raciones

1 Calentar el aceite en una sartén grande,
agregar la cebolla y el pollo y sofreír durante
5 minutos o hasta que el pollo empiece
a dorarse. Añadir las patatas, las zanahorias
y la hoja de laurel y rehogar 3 minutos más,
removiendo para que el pollo no se pegue.
Agregar el caldo y sazonar.
2 Llevar a ebullición, tapar y guisar a fuego
lento durante 20 minutos o hasta que las
patatas y el pollo estén hechos. Añadir los
tirabeques y los espárragos y seguir cocinando
durante unos 3 minutos más.
3 Retirar la hoja de laurel y agregar el zumo
de limón, el estragón y la crème fraîche.
Rectificar de sal y servir.

• Cada ración contiene: 511 kilocalorías, 32 g de
proteínas, 41 g de carbohidratos, 25 g de grasas, 10 g
de grasas saturadas, 5 g de fibra, 0 azúcares añadidos,
0,71 g de sal.

Un sustancioso plato único que no precisa acompañamiento.

Empanada de pollo y pimiento rojo

2 cucharadas de aceite vegetal
1 cebolla pequeña picada
3 pechugas de pollo deshuesadas
   y sin piel cortadas en trozos grandes
1 pimiento rojo sin semillas cortado
   en rodajas
175 g de brócoli cortado en floretes
   pequeños
425 g de masa de hojaldre preparada
   (en 2 láminas) descongelada
150 g de salsa de queso y cebollino
   envasada
leche o huevo batido para dar brillo

1 hora • 4 raciones

1 Calentar el aceite en una sartén y dorar la cebolla. Añadir el pollo y rehogar, removiendo, 5 minutos. Agregar el pimiento y el brócoli y sofreír unos 8-10 minutos. Sazonar. Dejar enfriar un poco. Precalentar el horno a 200 °C.
2 Extender la masa en un molde para horno engrasado. Disponer la mezcla de pollo por encima dejando un reborde libre de 2,5 cm. Con una cuchara, verter la salsa de queso por encima. Untar los bordes de la pasta con agua, cubrir con la otra lámina de masa y plegar y sellar los bordes de la capa inferior sobre la superior. Con un cuchillo hacer ligeras marcas en la superficie.
3 Untar la masa con leche o con huevo batido y hornear 25-30 minutos o, hasta que esté inflada y dorada.

• Cada ración contiene: 727 kilocalorías, 35 g de proteínas, 46 g de carbohidratos, 46 g de grasas, 1 g de grasas saturadas, 2 g de fibra, 0 azúcares añadidos, 1,33 g de sal.

Saca el máximo partido a una pechuga de pollo añadiéndole garbanzos
en conserva y verduras congeladas.

Chile con pollo y garbanzos

1 cucharada de aceite de oliva
1 cebolla grande picada
1 pechuga de pollo deshuesada
   y sin piel en lonchas
2 dientes de ajo muy picados
1 cucharada de chile en polvo
1 cucharadita de comino molido
400 g de tomate triturado en conserva
450 ml de caldo vegetal
1 cucharadita de azúcar
400 g de garbanzos en conserva
   escurridos
300 g de verduras congeladas que
   incluyan zanahorias, coliflor y brócoli

PARA LA GUARNICIÓN
150 ml de nata con unas gotitas de
   zumo de limón
50 g de queso cheddar rallado
1 puñado abundante de nachos

50 minutos • 4 raciones

1 Calentar el aceite en una sartén grande
y sofreír la cebolla durante 5-6 minutos
o hasta que esté dorada. Agregar el pollo
y freír hasta que se dore. Añadir el ajo y las
especias y dejar al fuego durante 1 minuto.
2 Incorporar el tomate, el caldo y el azúcar.
Llevar a ebullición, tapar y guisar a fuego lento
durante 25 minutos. Añadir los garbanzos y las
verduras congeladas, llevar otra vez a ebullición
y guisar a fuego lento 10 minutos más.
3 Sazonar al gusto. Decorar con una cucharada
de nata con limón, un poco de cheddar rallado
y unos cuantos nachos por los lados.

• Cada ración contiene: 374 kilocalorías, 22,8 g de
proteínas, 28,3 g de carbohidratos, 19,6 g de grasas,
7,9 g de grasas saturadas, 6,3 g de fibra, 1,3 g de
azúcares añadidos, 1,51 g de sal.

Las patatas fritas congeladas y las chuletas de cordero se asan juntas
en una cazuela para horno.

Asado de chuletas de cordero y patatas fritas

3 cucharadas de aceite de oliva
2 cebollas grandes peladas cortadas
en rodajas
750 g de patatas barbacoa congeladas
8 chuletas de cordero pequeñas
1 cucharadita de tomillo seco
150 ml de caldo de cordero o de pollo
1 cucharada de puré de tomate
concentrado

40 minutos • 4 raciones

1 Precalentar el horno a 230 °C. Calentar una cazuela para horno grande y añadir 2 cucharadas del aceite de oliva.
2 Agregar las cebollas a la cazuela y sofreír durante unos 5 minutos, removiendo con frecuencia, hasta que se doren. Retirar del fuego. Incorporar las patatas barbacoa. Disponer las chuletas por encima, espolvorear con el tomillo y rociar con el aceite restante.
3 Hornear durante 20 minutos. Mezclar el caldo con el puré de tomate y verter en la cazuela alrededor de las chuletas. Hornear 10 minutos más hasta que todo esté dorado y crujiente. Sazonar y servir.

• Cada ración contiene: 680 kilocalorías, 33 g de proteínas, 39 g de carbohidratos, 45 g de grasas, 19 g de grasas saturadas, 4 g de fibra, 0 azúcares añadidos, 0,43 g de sal.

La alternativa perfecta para aquellos que no consiguen preparar el arroz en su punto.

Estofado de cordero con arroz

2 cucharadas de aceite de oliva
650 g de cordero deshuesado (pierna o paleta) cortado en trozos de 2,5 cm
2 cebollas no muy picadas
2 cucharaditas de comino molido
2 cucharaditas de cilantro molido
175 g de arroz de grano largo
2 cucharaditas de orégano seco
3 cucharadas de puré de tomate concentrado
la ralladura y el zumo de 1 limón
2 cucharadas de perejil fresco picado

55 minutos • 4 raciones

1 Calentar el aceite en una sartén grande con tapa. Incorporar el cordero y saltear a fuego vivo, sin dejar de remover, durante 5 minutos, hasta que la carne se dore por todos los lados. Añadir las cebollas y sofreír durante 2-3 minutos más hasta que se ablanden. Espolvorear con el comino y el cilantro y rehogar durante 1 minuto más.

2 Agregar el arroz y el orégano. Diluir el puré de tomate junto con la corteza y el zumo de limón en 850 ml de agua hirviendo y verter en la sartén. Mezclar bien y sazonar.

3 Llevar a ebullición y guisar a fuego lento durante 20-25 minutos hasta que el cordero y el arroz estén hechos. Espolvorear con el perejil y servir directamente de la sartén.

• Cada ración contiene: 563 kilocalorías, 36 g de proteínas, 47 g de carbohidratos, 27 g de grasas, 11 g de grasas saturadas, 1 g de fibra, 0 azúcares añadidos, 0,34 g de sal.

La salsa de dátiles y arándanos rojos dará un toque dulce
y suculento a este plato de cordero.

Cazuela de cordero con dátiles

550 g de cordero cortado en dados
1 cucharada de harina
2 cucharadas de aceite de oliva
2 cebollas picadas
3 zanahorias grandes troceadas
2 dientes de ajo muy picados
600 ml de caldo de pollo, de cordero
  o vegetal
1 cucharada de salsa de arándanos
  rojos
2 cucharaditas de puré de tomate
  concentrado
12 dátiles sin hueso
3 cucharadas de perejil fresco picado
arroz o cuscús al vapor para
  la guarnición

1 hora • 4 raciones

1 Meter el cordero y la harina en una bolsa de plástico y agitar hasta que la carne esté bien rebozada. Calentar el aceite de oliva en una sartén grande. Sacar el cordero de la bolsa, sacudir el exceso de harina y llevar la carne a la sartén junto con las cebollas y las zanahorias. Rehogar a fuego medio durante 8-10 minutos, removiendo con frecuencia, hasta que la carne esté dorada.

2 Agregar el ajo y rehogar durante 1 minuto más. Incorporar el caldo y llevar a ebullición. Bajar el fuego y guisar con la sartén tapada durante 20 minutos, hasta que el caldo haya espesado un poco.

3 Incorporar la salsa de arándanos, el puré de tomate, los dátiles y el perejil. Sazonar al gusto. Servir con arroz o cuscús al vapor como guarnición.

• Cada ración contiene: 466 kilocalorías, 32 g de proteinas, 48 g de carbohidratos, 18 g de grasas, 6 g de grasas saturadas, 5 g de fibra, 1 g de azúcares añadidos, 0,81 g de sal.

Puedes preparar la sabrosa mezcla de alubias
el día antes de guisar las chuletas.

Estofado de cordero con alubias

2 cebollas picadas
3 cucharadas de aceite de oliva
2 dientes de ajo picados
800 g de alubias cocidas escurridas
1 cucharadita de orégano seco
150 ml de caldo vegetal
200 g de tomate triturado en conserva
8 chuletas de cordero o 4 filetes
    de pierna de cordero

55 minutos • 4 raciones

1 Precalentar el horno a 200 °C. Rehogar las cebollas en 2 cucharadas de aceite durante 5 minutos. Agregar el ajo, las alubias y la mitad del orégano y mezclar un poco. Añadir el caldo y el tomate triturado, y sazonar. Llevar a ebullición.
2 Verter las alubias guisadas en una fuente para horno lo bastante grande para que quepan en una sola capa las chuletas. Disponer estas por encima.
3 Espolvorear con el resto del orégano, rociar con el resto del aceite y sazonar. Guisar en el horno durante 30 minutos o hasta que las chuletas estén tiernas y bien doradas.

• Cada ración contiene: 518 kilocalorías, 39 g de proteínas, 30 g de carbohidratos, 28 g de grasas, 10 g de grasas saturadas, 9 g de fibra, 0 azúcares añadidos, 1,67 g de sal.

Una versión más ligera de un plato popular que incluye carne de cerdo
en lugar de ternera y judías verdes en vez de alubias rojas.

Chile de verano

2 cucharadas de aceite de oliva
1 cebolla picada
500 g de carne de cerdo picada
2 dientes de ajo machacados
2 cucharaditas de chile en polvo
    no muy picante
400 g de tomate triturado en conserva
2 cucharadas de puré de tomate
    concentrado
600 ml de caldo de pollo
1 pimiento rojo sin semillas cortado
    en trozos grandes
350 g de patatas nuevas cortadas
    en trozos
250 g de judías verdes limpias
pan tostado para acompañar

50 minutos • 4 raciones

1 Calentar el aceite en una sartén grande
y sofreír la cebolla y la carne picada durante
3-4 minutos, removiendo de vez en cuando.
2 Añadir el ajo machacado, el chile en polvo,
el tomate triturado, el puré de tomate, el caldo
de pollo, el pimiento rojo y las patatas. Llevar
a ebullición, tapar y guisar a fuego lento durante
15 minutos o hasta que las patatas estén en su
punto.
3 Agregar las judías verdes, volver a tapar
la sartén y guisar durante 5 minutos más, hasta
que las judías estén tiernas pero no blandas.
Acompañar con pan tostado.

• Cada ración contiene: 390 kilocalorías, 30 g de
proteínas, 26 g de carbohidratos, 19 g de grasas, 5 g de
grasas saturadas, 4 g de fibra, 0 azúcares añadidos,
0,94 g de sal.

La carne de cerdo picada es una opción económica cuando se tienen muchos comensales. Con rodajas de patata, el plato será más sustancioso.

Estofado de carne de cerdo con patatas

1 cucharada de aceite de oliva
1 cebolla picada
2 dientes de ajo machacados
1 kg de carne de cerdo picada
1 cucharada de harina
425 ml de caldo de pollo o vegetal
1 cucharadita de tomillo o romero seco
2 cucharadas de salsa Worcestershire
4 cucharadas de puré de tomate
    concentrado
1,5 kg de patatas peladas
25 g de mantequilla
verduras al vapor para la guarnición

2 horas • 8 raciones

1 Precalentar el horno a 190 ºC. Calentar el aceite y saltear la cebolla y el ajo durante 3-4 minutos. Agregar la carne picada y sofreír durante 5-6 minutos más.

2 Añadir la harina y rehogar 1 minuto. Verter el caldo e incorporar el tomillo o el romero, la salsa Worcestershire y el puré de tomate. Llevar a ebullición y guisar a fuego lento durante 30 minutos. Mientras tanto, cocer las patatas en agua hirviendo con sal durante 10 minutos. Escurrir y cortar en rodajas gruesas.

3 Pasar la mitad de la mezcla de carne a una cazuela para horno de 20 x 30 x 5-7 cm y cubrir con la mitad de las patatas. Repetir alternando una capa de cada, coronar con trocitos de mantequilla y hornear durante 1 hora. Servir con verduras al vapor como guarnición.

• Cada ración contiene: 407 kilocalorías, 29 g de proteinas, 38 g de carbohidratos, 17 g de grasas, 6 g de grasas saturadas, 3 g de fibra, 0 azúcares añadidos, 0,64 g de sal.

Un plato muy rápido y fácil de preparar. Perfecto para una cena de sofá en noches de pereza.

Guisado de salchichas con maíz

1 cucharada de aceite de oliva
400 g de salchichas (tus favoritas)
700 g de patatas nuevas cortadas
en trozos grandes
165 g de maíz dulce en conserva
escurrido
2 cucharadas de cilantro o perejil fresco
picado
225 g de salsa de tomate para
acompañar

30 minutos • 4 raciones

1 Calentar el aceite en una sartén grande. Cortar las salchichas en trozos del tamaño de un bocado y freír en el aceite hasta que estén en su punto, unos 10 minutos. Mientras tanto, poner a hervir agua con sal en una cazuela grande y cocer las patatas durante 8-10 minutos. Escurrir bien.

2 Agregar las patatas a la sartén, sazonar y sofreír a fuego medio hasta que adquieran un poco de color. Añadir el maíz y calentar. Sazonar.

3 Espolvorear con cilantro o perejil. Repartir en platos llanos y aderezar el picadillo con un poco de salsa.

• Cada ración contiene: 519 kilocalorías, 17 g de proteínas, 56 g de carbohidratos, 27 g de grasas, 9 g de grasas saturadas, 4 g de fibra, 4 g de azúcares añadidos, 4,09 g de sal.

Una receta sin complicaciones con ingredientes
muy económicos.

Salchichas a la mostaza con manzana

1 cucharada de aceite vegetal
8 salchichas grandes a las finas hierbas
de unos 450 g en total
1 cebolla mediana cortada en trozos
2 manzanas golden u otras (con piel)
sin el corazón y partidas en 8 trozos
1 cucharada colmada de gelatina
de grosellas
300 ml de caldo de pollo (puede ser
de pastilla)
2 cucharadas de mostaza, mejor si
es gruesa
unas ramitas de romero

25 minutos • 4 raciones

1 Calentar el aceite en una sartén grande,
agregar las salchichas y sofreír durante
5 minutos dándoles la vuelta con frecuencia.
Agregar los trozos de cebolla y seguir sofriendo
hasta que todo empiece a dorarse bien,
removiendo de vez en cuando. Subir el fuego,
añadir las manzanas y dejar que adquieran
también un poco de color, removiendo con
cuidado para no romper los trozos.
2 Diluir la gelatina de grosellas en el caldo
y añadir la mostaza. Verter la mezcla en la sartén
dejando que burbujee durante unos minutos
para conseguir una salsa melosa.
3 Bajar el fuego, añadir el romero y guisar
durante 10 minutos, sin tapar, hasta que
las salchichas estén hechas.

• Cada ración contiene: 368 kilocalorías, 16,7 g de
proteínas, 21 g de carbohidratos, 24,7 g de grasas,
8,1 g de grasas saturadas, 2 g de fibra, 3,2 de azúcares
añadidos, 2,68 g de sal.

La mostaza de grano entero dará un toque distinto
a una cena que entusiasmará a toda la familia.

Empanada a la mostaza

8 salchichas a las finas hierbas
2 cebollas cortadas en rodajas finas
1 cucharada de aceite vegetal
100 g de harina
2 huevos
300 ml de una mezcla de leche y agua
    a partes iguales
2 cucharadas de mostaza de grano
    entero
col o brócoli y salsa gravy como
    guarnición

1 hora • 4 raciones

1 Precalentar el horno a 220 °C. Poner las salchichas en un molde para horno y rociar con el aceite. Asar durante 15-20 minutos o hasta que las salchichas empiecen a oscurecerse.
2 Tamizar la harina y una pizca de sal y pimienta sobre un cuenco. Hacer un hueco en el centro de la harina, dejar caer los huevos y batir para mezclar. Batiendo, ir incorporando la mitad de la mezcla de leche y después agregar el resto del líquido y la mostaza.
3 Sacar el molde con las salchichas del horno. Rápidamente, verter la masa y devolver al horno durante 35-40 minutos más, hasta que la empanada esté inflada y dorada. Servir con col o brócoli y salsa gravy como guarnición.

• Cada ración contiene: 562 kilocalorías, 24 g de proteínas, 37 g de carbohidratos, 36 g de grasas, 12 g de grasas saturadas, 3 g de fibra, 0 azúcares añadidos, 2,72 g de sal.

Aunque su sabor recuerda al de los buñuelos, la textura de este «pan» se parece más a la del brioche.

Pastel de beicon y tomate

12 lonchas de beicon
1 cebolla grande picada
1 cucharada de aceite de oliva
4 tallos de apio en rodajas finas
350 g de tomate triturado fresco
    o en lata
150 ml de caldo de pollo
400 g de alubias blancas en conserva

PARA LA CUBIERTA DEL PAN
85 g de mantequilla
225 g de harina con levadura
    incorporada
2 cucharaditas de hierbas aromáticas
    picadas
175 ml de leche

1 hora y 15 minutos • 4 raciones

1 Precalentar el horno a 200 °C. Cortar 3 lonchas de beicon en trocitos pequeños y reservar. Cortar el resto en 3 partes. Sofreír la cebolla en el aceite durante 2-3 minutos, añadir los trozos grandes de beicon durante 5-6 minutos y, por último, el apio durante 3-4 minutos.
2 Agregar el tomate y el caldo, llevar a ebullición, tapar y guisar a fuego lento durante 20 minutos. Incorporar las alubias y sazonar.
3 Para hacer la cubierta, mezclar la mantequilla con la harina deshaciéndola con los dedos. Agregar las hierbas aromáticas, una pizca de sal y la leche. Verter la mezcla de tomate en una fuente para horno de 1,7 l. Distribuirla con una cuchara y espolvorear con del beicon en trocitos reservado. Hornear durante 25-30 minutos o hasta que se dore.

• Cada ración contiene: 855 kilocalorías, 31 g de proteínas, 63 g de carbohidratos, 58 g de grasas, 26 g de grasas saturadas, 6 g de fibra, 0 azúcares añadidos, 4,74 g de sal.

Verduras con jamón en salsa de mostaza y cubiertas
con pasta de hojaldre; ideal para alimentar a un regimiento.

Empanada de jamón

1 cucharada de aceite de oliva
1 cebolla picada
1 diente de ajo machacado
450 g de chirivías poco picadas
3 zanahorias poco picadas
2 tallos de apio cortados en rodajas
   gruesas
2 cucharadas de harina
450 g de jamón cocido cortado
   en tacos
150 ml de nata para montar
425 ml de caldo vegetal
2 cucharadas de mostaza de grano
   entero
375 g de masa de hojaldre preparada
un poco de leche para untar
verduras como guarnición

1 hora y 15 minutos • 8 raciones

1 Precalentar el horno a 190 ºC. Calentar el aceite en una sartén grande y sofreír la cebolla y el ajo 3-4 minutos. Agregar las chirivías y las zanahorias y rehogar 4-5 minutos. Añadir el apio, espolvorear con la harina y sofreír durante 1 minuto más mezclando bien.
2 Agregar el jamón e incorporar la nata y el caldo. Añadir la mostaza. Sazonar. Guisar a fuego lento unos 5 minutos hasta que la salsa espese un poco y trasladar la mezcla con una cuchara a la fuente para horno de 2 l. Enfriar.
3 Cubrir con la masa de hojaldre, recortando los bordes. Untar con leche. Con los rebordes sobrantes, recortar formas de hoja y decorar la masa. Volver a untar con leche y hornear hasta dorar, unos 30 minutos. Acompañar con verduras como guarnición.

• Cada ración contiene: 452 kilocalorías, 17 g de proteínas, 37 g de carbohidratos, 27 g de grasas, 12 g de grasas saturadas, 5 g de fibra, 0 azúcares añadidos, 2,09 g de sal.

Un risotto cocinado como un pastel y servido en porciones
con una buena salsa de tomate.

Pastel de arroz al pesto

25 g de mantequilla
1 puerro grande (de 175 g) muy picado
350 g de arroz para rissoto
1 l de caldo vegetal
100 g de salsa pesto verde
2 huevos batidos
1 bola de 150 g de mozzarella cortada
    en lonchas finas
salsa de tomate preparada para
    acompañar

1 hora • 4 raciones

1 Fundir la mantequilla en una sartén y rehogar
el puerro durante 5-6 minutos o hasta que se
ablande. Incorporar el arroz. Verter un cucharón
de caldo y guisar a fuego lento hasta que casi
todo se haya absorbido. Ir añadiendo caldo y
guisar a fuego lento, sin dejar de remover, durante
20 minutos o hasta que el arroz esté cremoso.
2 Agregar el pesto, los huevos y un poco
de pimienta negra. Con una cuchara, trasladar
la mitad de la mezcla a una sartén antiadherente
de 23 cm. Disponer las lonchas de mozzarella
por encima y cubrir con el resto del arroz.
Guisar a fuego medio durante 4 minutos.
3 Poner un plato sobre la sartén y voltear
el pastel. Aplastarlo para devolverle la forma
y guisar durante 4 minutos más, hasta que se
dore. Acompañar con salsa de tomate preparada.

• Cada ración contiene: 482 kilocalorías, 19 g de
proteínas, 57 g de carbohidratos, 22 g de grasas,
9 g de grasas saturadas, 2 g de fibra, 0 azúcares
añadidos, 1,46 g de sal.

Con solo tres ingredientes conseguirás
una sobremesa exquisita

Crema de limón quemada

575 ml de nata para montar
225 g de una buena crema de limón
5-4 cucharadas de azúcar glas

15 minutos más el tiempo
de refrigeración • 4 raciones

1 En un cuenco grande, batir la nata con una batidora de varillas eléctrica hasta que esté montada y agregar la crema de limón.
2 Trasladar con una cuchara a 6 moldes individuales de 9 cm e igualar por la parte superior. Refrigerar durante al menos 1 hora o toda la noche si se prefiere.
3 Precalentar el gratinador. Espolvorear cada molde con una capa fina de azúcar glas. Gratinar durante 2-3 minutos hasta que el azúcar se haya caramelizado. Si se prefiere, se puede usar un quemador de mano. Servir de inmediato.

• Cada ración contiene: 507 kilocalorías, 2 g de proteínas, 12 g de carbohidratos, 50 g de grasas, 32 g de grasas saturadas, 0 fibra, 9 g de azúcares añadidos, 0,09 g de sal.

Aunque parece pesado es extraordinariamente ligero.
Prepáralo 4 horas antes de servirlo.

Crema de café con queso ricotta

4 cucharadas de pasas
3 cucharadas de ron o de coñac
6 cucharadas de café negro fuerte
50 g de azúcar extrafino
250 g de queso ricotta
150 ml de nata para montar
50 g de chocolate negro rallado
azúcar glas para espolvorear

25 minutos más el tiempo
de refrigeración • 4 raciones

1 Mezclar las pasas, el ron o el coñac,
el café y el azúcar. Remover bien y dejar
reposar durante al menos 1 hora.
2 Verter el queso ricotta en un cuenco
y batir un poco. Lentamente, ir incorporando
la mezcla de pasas, ron, café y azúcar sin dejar
de batir. Montar la nata hasta que forme suaves
crestas e incorporarla al queso ricotta con la
mitad del chocolate.
3 Disponer en 4 vasos y espolvorear con
el resto del chocolate. Mantener refrigerado.
Espolvorear con un poco de azúcar glas antes
de servir.

• Cada ración contiene: 447 kilocalorías, 8 g de
proteínas, 39 g de carbohidratos, 28 g de grasas, 17 g
de grasas saturadas, 1 g de fibra, 22 g de azúcares
añadidos, 0,23 g de sal.

De sabor peculiar para ser un helado, este postre tiene un aroma
poco habitual pero refinado.

Crema de jengibre helada

6 merengues individuales
   ya preparados
425 ml de nata para montar
la ralladura de 1 limón
3 cucharadas de kirsch
2 cucharadas de azúcar extrafino
4 trozos de raíz de jengibre en almíbar
   muy picados

20 minutos más el tiempo
de congelación • 6 raciones

1 Forrar un molde de repostería en forma
de rosco de 18 cm con plástico de cocina.
Romper los merengues en trozos. Montar
bien la nata e incorporar la ralladura de limón,
el kirsch, el azúcar, el jengibre y los trozos
de merengue.
2 Trasladar la nata al molde con una cuchara,
igualar la parte superior y meter en el congelador
durante al menos 4 horas.
3 Unos 10 minutos antes de servir, dar la
vuelta al molde para volcar el helado y dejar
a temperatura ambiente. Cortar en porciones
y rociar con el almíbar del tarro de jengibre.

• Cada ración contiene: 333 kilocalorías, 2 g de
proteínas, 22 g de carbohidratos, 26 g de grasas, 16 g
de grasas saturadas, 0 fibra, 19 g de azúcares añadidos,
0,54 g de sal.

Las frutas ácidas, cocinadas con mantequilla y azúcar,
constituyen una salsa para helado muy tentadora.

Salsa de manzana y moras para helado

85 g de mantequilla
85 g de azúcar moreno
4 manzanas golden peladas, sin
    el corazón y cortadas en trozos
100 g de moras
el zumo de 1 limón
helado de vainilla para acompañar

20 minutos • 4 raciones

1 Calentar la mantequilla y el azúcar en una
sartén. Cuando la mantequilla se haya fundido
y el azúcar disuelto, agregar las manzanas.
2 Guisar durante 5-7 minutos, removiendo
de vez en cuando, hasta que las manzanas
se ablanden y la salsa empiece a caramelizarse
y a dorarse. De inmediato, retirar del fuego y
añadir las moras.
3 Rociar con el zumo de limón y servir sobre
bolas de helado de vainilla.

• Cada ración contiene: 302 kilocalorías, 1 g de
proteínas, 37 g de carbohidratos, 18 g de grasas,
11 g de grasas saturadas, 3 g de fibra, 22 g de azúcares
añadidos, 0,42 g de sal.

Asalta el frutero y la despensa para preparar
este dulce tan irresistible.

Buñuelos de plátano con sésamo

100 g de harina con levadura
   incorporada
2 cucharadas de semillas de sésamo
   tostadas
1 cucharada de azúcar extrafino
   y un poco más para espolvorear
4 plátanos pelados
aceite vegetal abundante para freír
jarabe de arce para decorar

30 minutos • 4 raciones

1 Mezclar la harina, las semillas de sésamo
y el azúcar en un cuenco. Hacer un hueco
en el centro y verter 150 ml de agua fría.
Batir para conseguir una masa suave.
2 Cortar cada plátano en 4 rodajas diagonales.
Llenar de aceite la tercera parte de una sartén
grande o de un wok y calentar bien. Empapar
los plátanos en la masa y, con cuidado,
sumergirlos en el aceite con ayuda de una
espumadera.
3 Freír durante 3-4 minutos o hasta que estén
crujientes. Escurrir con papel de cocina. Servir
calientes, espolvoreados con azúcar y rociados
con jarabe de arce.

• Cada ración contiene: 345 kilocalorías, 5 g de
proteínas, 51 g de carbohidratos, 15 g de grasas, 2 g de
grasas saturadas, 3 g de fibra, 7 g de azúcares añadidos,
0,26 g de sal.

Busca crepes ya preparadas en la sección de refrigerados
o de congelados del supermercado.

Crepes rellenas de manzana

85 g de mantequilla
85 g de azúcar mascabado
6 manzanas tipo golden peladas
   y cortadas en 12 trozos
85 g de pacanas no muy picadas
85 g de pasas
1 chorrito de zumo de limón
6 crepes ya preparadas
azúcar glas para espolvorear

25 minutos • 6 raciones

1 Calentar la mantequilla y el azúcar en una sartén, removiendo de vez en cuando, hasta que se fundan. Agregar las manzanas y cocer, removiendo con cuidado, durante 3-4 minutos o hasta que se hayan ablandado. Añadir las pacanas y dejar que se oscurezcan un poco.
2 Retirar del fuego e incorporar las pasas y el zumo de limón. Poner unas cucharadas de relleno en el centro de cada crepe.
3 Plegar dos lados de cada crepe hacia el centro de forma que tapen un poco el relleno. Cubrirlas con el tercer lado y dar la vuelta a las crepes de manera que queden como una bolsa cuadrada. Cortar cada crepe por la mitad en diagonal y servir con una cantidad suficiente de azúcar glas espolvoreada.

• Cada ración contiene: 478 kilocalorías, 6 g de proteínas, 55 g de carbohidratos, 27 g de grasas, 9 g de grasas saturadas, 4 g de fibra, 16 g de azúcares añadidos, 0,41 g de sal.

Ahorra tiempo utilizando piña en conserva,
en almíbar al natural.

Dulce de piña al horno

1 piña grande pelada y sin corazón
cortada en trozos
85 g de azúcar mascabado
3 cucharadas de harina
la ralladura fina de 1 naranja

PARA LA COBERTURA
140 g de harina
50 g de almendras tostadas molidas
85 g de azúcar extrafino
2 ½ cucharaditas de levadura en polvo
¼ de cucharadita de sal
1 huevo batido
5 cucharadas de yogur natural
85 g de mantequilla derretida y dejada
enfriar
½ cucharadita de extracto de vainilla
2 cucharadas de almendras tostadas
en láminas

1 hora y 20 minutos • 6 raciones

1 Precalentar el horno a 190 ºC. Untar con
mantequilla un molde grande para horno.
Poner la piña, el azúcar, la harina y la ralladura
de naranja en un cuenco y mezclar bien.
Disponer la mezcla en el molde.
2 Para la cobertura, mezclar la harina, las
almendras molidas, el azúcar, la levadura y la
sal. Agregar el huevo, el yogur, la mantequilla
y la vainilla, y mezclar. Poner con cucharadas
la mezcla sobre la fruta, dejando un reborde
de 2,5 cm.
3 Espolvorear con las almendras en láminas.
Hornear durante 50-55 minutos, hasta que
al clavar un pinchito en el centro este salga
limpio. Servir tibio.

• Cada ración contiene: 492 kilocalorías, 8 g de
proteínas, 72 g de carbohidratos, 21 g de grasas,
8 g de grasas saturadas, 4 g de fibra, 29 g de azúcares
añadidos, 1,19 g de sal.

Una versión suculenta y afrutada del tradicional pudin de pan
y mantequilla preparado con bollitos o rebanadas de plum cake.

Pudin de bollitos y canela

50 g de mantequilla
6 bollitos de pasas partidos por la
    mitad (frescos o un poco secos)
300 ml de leche
300 ml de nata
1 cucharadita de esencia de vainilla
1 cucharadita de canela molida
100 g de azúcar mascabado
4 huevos
1 cucharada de azúcar extrafino
    para espolvorear

50 minutos • 6 raciones

1 Precalentar el horno a 180 °C. Untar con
mantequilla un molde para horno de 30 x 24 cm
y de 5 cm hondo. Untar mantequilla a los bollitos
y disponerlos en la fuente, con la parte untada
hacia arriba, de manera que se solapen un
poco. Verter la leche y la nata en una cazuela
y agregar la esencia de vainilla y la mitad
de la canela. Calentar a fuego lento hasta
que empiece a hervir. Reservar.
2 En un cuenco, batir el azúcar con los huevos
hasta que la mezcla esté espumosa, y después
batirla con la mezcla de leche caliente. Verter
sobre los bollos. Dejar reposar 5 minutos.
3 Espolvorear los bollitos con el resto de la
canela y hornear durante 30 minutos o hasta que
el pudin haya cuajado. Espolvorear con el resto
del azúcar extrafino mientras aún está caliente.

• Cada ración contiene: 484 kilocalorías, 11 g de
proteínas, 57 g de carbohidratos, 25 g de grasas, 14 g
de grasas saturadas, 1 g de fibra, 30 g de azúcares
añadidos, 0,58 g de sal.

Para elaborar este postre, puedes usar otras frutas o mezclarlas;
los frutos del bosque son una buena alternativa.

Postre de manzana y arándanos

1 manzana golden para cocinar
de unos 175 g de peso
250 g de arándanos envasados
50 g de azúcar mascabado
250 g de queso mascarpone

PARA LA COBERTURA
85 g de mantequilla en pedazos
225 g de harina con levadura
incorporada
50 g de azúcar mascabado
la ralladura de 1 limón
150 g de yogur natural

40 minutos • 6 raciones

1 Precalentar el horno a 220 °C. Pelar la
manzana, quitarle el corazón, cortarla en rodajas
finas y disponerla en un molde para horno
de 1,5 l. Esparcir los arándanos, espolvorear
con el azúcar y mezclar con cuidado. Cubrir con
cucharadas de mascarpone.
2 Para hacer la cobertura, mezclar la mantequilla
con la harina deshaciéndola con los dedos o
pasarla por el robot de cocina hasta que la masa
tenga una textura arenosa. Agregar el azúcar y la
ralladura de limón. Hacer un hueco en el centro
y verter el yogur. Mezclar hasta que la masa esté
bien ligada pero no demasiado pastosa.
3 Cubrir las frutas y el mascarpone con la masa
para la cobertura. Hornear durante 20 minutos
o hasta que el pastel haya subido y esté dorado,
y el relleno burbujee.

• Cada ración contiene: 323 kilocalorías, 5 g de
proteínas, 49 g de carbohidratos, 13 g de grasas,
8 g de grasas saturadas, 2 g de fibra, 17 g de azúcares
añadidos, 0,66 g de sal.

No dejes que el tiempo de elaboración de este postre te desanime.
Solo tendrás que añadir agua 1 o 2 veces.

Pudin de ruibarbo al baño maría

350 g de ruibarbo partido en trozos
   grandes
85 g de azúcar granulada
1 cucharadita de jengibre molido
125 g de mantequilla y un poco más
   para engrasar
125 g de azúcar extrafino
unas gotas de extracto de vainilla
2 huevos medianos
175 g de harina con levadura
   incorporada
nata o natillas para acompañar

1 hora y 50 minutos • 6 raciones

1 Cocinar el ruibarbo con el azúcar y el jengibre a fuego lento 3 minutos. Engrasar un molde de flan de 850 ml y verter la mezcla.
2 Batir la mantequilla y el azúcar extrafino. Añadir el extracto de vainilla. Ir batiendo los huevos, uno por uno, y mezclar con la harina. Pasar la pasta al molde con el ruibarbo. Plegar en dos una hoja de papel para horno encerado untado con mantequilla. Colocar sobre el molde, con la cara engrasada hacia abajo, tapar con papel de aluminio y atar con un cordel.
3 Colocar el molde en una cazuela grande con agua hirviendo hasta la mitad. Llevar a ebullición. Tapar y dejar hervir a fuego lento durante 1 hora y media, añadiendo agua hirviendo si se precisa. Desmoldar y volcar el pudin en un plato. Acompañar con nata o natillas.

• Cada ración contiene: 416 kilocalorías, 6 g de proteínas, 58 g de carbohidratos, 20 g de grasas, 11 g de grasas saturadas, 2 g de fibra, 35 g de azúcares añadidos, 0,34 g de sal.

Una variante de la tradicional tarta de melaza, aún más deliciosa
con frutos secos.

Tarta de pacanas

25 g de harina con levadura
  incorporada
140 g de harina
85 g de mantequilla fría en trozos
nata para decorar

PARA EL RELLENO
85 g de mantequilla a temperatura
  ambiente
140 g de azúcar mascabado
2 huevos bien batidos
100 g de miel de caña o de jarabe
  de arce
2 cucharadas de nata para montar
100 g de pacanas un poco picadas

1 hora y 10 minutos • 8 raciones

1 Precalentar el horno a 190 °C. Con
las manos, mezclar las dos harinas con la
mantequilla hasta obtener una textura como
de migas. Agregar 2-3 cucharadas de agua fría
y mezclar con una espátula hasta que se forme
una masa.
2 Hacer una bola con la masa, extender con
el rodillo y forrar con ella un molde de tarta de
23 cm de base extraíble. Hornear en ciego 17
minutos y desmoldar. Hornear 5 minutos más.
3 Para preparar el relleno, batir la mantequilla
con el azúcar hasta que la mezcla esté blanca
y esponjosa. Batiendo, incorporar los huevos
a la mezcla, uno a uno, el jarabe y la nata.
Agregar las pacanas. Verter en la carcasa de
masa cocida y hornear 30-35 minutos o hasta
que el relleno haya cuajado. Dejar enfriar en el
molde y decorar con nata.

• Cada ración contiene: 456 kilocalorías, 5 g de
proteínas, 45 g de carbohidratos, 30 g de grasas, 13 g
de grasas saturadas, 1 g de fibra, 28 g de azúcares
añadidos, 0,58 g de sal.

Mete las galletas en una bolsa de plástico
y tritúralas con un rodillo.

Chocolate con jengibre
y frutos secos

100 g de mantequilla y un poco más
    para engrasar
185 g de chocolate negro
2 cucharadas de miel de caña
    o de jarabe de arce
225 g de galletas de jengibre trituradas
100 g de avellanas tostadas y picadas

20 minutos más el tiempo de dejarlo
enfriar • 8 raciones

1 Engrasar ligeramente un molde para bizcocho
de 18 cm. Al baño maría, fundir la mantequilla
y 100 g del chocolate junto con el jarabe,
removiendo de vez en cuando.
2 Retirar del fuego e incorporar las migas
de galleta y tres cuartas partes de las avellanas.
Aplastar la mezcla en el fondo del molde.
3 Fundir el chocolate restante y untarlo por
encima de la mezcla. Espolvorear el pastel
con el resto de las avellanas. Enfriar durante
1 hora antes de servir cortado en porciones.

• Cada ración contiene: 433 kilocalorías, 4 g de
proteinas, 39 g de carbohidratos, 30 g de grasas,
13 g de grasas saturadas, 2 g de fibra, 20 g de azúcares
añadidos, 0,68 g de sal.

Utiliza gachas de avena para obtener una textura gomosa
y hojuelas para un resultado crujiente.

Las clásicas barritas de avena

175 g de mantequilla en trozos
140 g de miel de caña o jarabe de arce
50 g de azúcar mascabado
250 g de hojuelas de avena

35 minutos • 12 raciones

1 Precalentar el horno a 180 °C. Forrar la base de un molde cuadrado para horno no muy hondo con una hoja de papel encerado.
2 Poner la mantequilla, el jarabe y el azúcar en una cazuela mediana. Mezclar a fuego medio hasta que la mantequilla se haya fundido y el azúcar desleído. Retirar del fuego y agregar las hojuelas de avena.
3 Aplastar la mezcla en el fondo del molde. Hornear durante 20-25 minutos, hasta que adquiera un tono dorado oscuro por encima. Dejar enfriar en el molde unos 5 minutos y marcar barritas o porciones cuadradas con el dorso de un cuchillo mientras aún está caliente. Dejar enfriar completamente en el molde antes de cortar y sacar; así se evita que las barritas se rompan.

• Cada ración contiene: 242 kilocalorías, 3 g de proteínas, 29 g de carbohidratos, 14 g de grasas, 8 g de grasas saturadas, 1 g de fibra, 13 g de azúcares añadidos, 0,38 g de sal.

Índice

aguacate, ensalada de embutidos,
alubias y 20-21

albaricoques
  hamburguesas de carne
    de cerdo y 28-29
  y jengibre, brochetas de carne
    de cerdo con 118-119

albóndigas
  con limón y tomillo 122-123
  espaguetis picantes con 82-83

alubias
  blancas, pollo con 92-93
  fajitas de chile y carne con
    100-101
  estofado de cordero con
    168-169
  y aguacate, ensalada de
    embutidos 20-21
  asado de salchichas con
    116-117

arándanos, postre de manzana
y 202-203

arroz
  al pesto, pastel de 184-185
  con setas, kebabs de beicon
    en 30-31
  estofado de cordero con 164-165

atún
  a los dos quesos, pasta con
    66-67
  cebolla y maíz, picadillo de,
    24-25

espaguetis con champiñones
  y 62-63
pizza de 48-49
rösti de 128-129
y brócoli, pasta al horno con
  134-135
y hojaldre pastelillos
  de 130-131
y patatas, ensalada tibia de
  132-133

avena, las barritas clásicas de
  210-211

bacalao con maíz, pastelillos
crujientes 144-145
barritas clásicas de avena, las
  210-211
beicon 58
  en arroz con setas, kebabs de
    30-31
  pasta a las finas hierbas con
    guisantes y 74-75
  quiche de huevos y 110-111
  y queso, tortilla de 34-35
  y tomate, pastel de 180-181
bollitos y canela, pudin de
  200-201

brócoli
  al horno, pasta con atún y
    134-135
  ensalada tibia de patatas y
    16-17

buñuelos de plátano con sésamo
  194-195

caballa
  asada, paquetes de 146-147
  patatas asadas con puerros
    y 46-47
cacahuete, espaguetis con
  escalope al 84-85
café con queso ricotta, crema
  de 188-189
carne picada al curry con patatas
  104-105
cazuela
  de cordero con dátiles 166-167
  de salmón con maíz 138-139
cebolla
  confitada, asado de carne de
    126-127
  caramelizadas, pollo con
    98-99
  y maíz, picadillo de atún 24-25
cerdo, carne de a las finas hierbas,
  rollo de 120-121
  con cebolla confitada,
    asado de 126-127
  con orejones y jengibre,
    brocheta de 118-119
  con patatas, estofado de
    172-173
  con queso gorgonzola, chuletas
    de 124-125

espaguetis al cacahuete con escalope 84-85

y albaricoque, hamburguesas de 28-29

y jengibre, fideos con lomo 86-87

champiñones

  kebabs de beicon en arroz con 30-31

  y atún, espaguetis con 62-63

chile

  con pollo y garbanzos 160-161

  de verano 170-171

chocolate con jengibre y frutos secos 208-209

coca de espinacas y jamón 50-51

cordero

  con alubias, estofado de 168-169

  con arroz, estofado de 164-165

  con dátiles, cazuela de 166-167

  y patatas fritas, asado de chuletas de 162-163

crepes de manzana 196-197

curry, carne picada con patatas al 104-105

  dátiles, cazuela de cordero con 166-167

embutidos, alubias y aguacate, ensalada de 20-21

empanada

  a la mostaza 178-179

  de jamón 182-183

  de pollo y pimiento rojo 158-159

eneldo, pastelillos de salmón con 142-143

ensaladas

  con pollo a la plancha 90-91

  con salsa de tomate 10-11

de jamón, patatas y queso feta 18-19

de embutido, alubias y aguacate 20-21

tibia de atún y patatas 132-133

tibia de garbanzos 12-13

tibia de patatas y brócoli 16-17

espaguetis

  al cacahuete con escalope 84-85

  con champiñones y atún 62-63

  con salchichas y tomate 78-79

  con lomo y jengibre 86-87

  con tomate y queso brie 58-59

  picantes con albóndigas 82-83

espinacas

  pasta con pollo y 72-73

  y jamón, coca de 50-51

  y queso fundido, patatas con 14-15

estragón, gratinado de patatas con pollo al 94-95

fajitas de chile y carne con alubias 100-101

finas hierbas

  hojaldre de queso y 42-43

  rollo de carne de cerdo a las 120-121

frutos secos, chocolate con jengibre y 208-209

gambas y tomate, pasta al horno con 148-149

garbanzos

  chile con pollo y 160-161

  ensalada tibia de 12-13

guisantes

  jamón y patatas, tortilla de 32-33

y beicon, penne a las finas hierbas con 74-75

y jamón, pasta con puerro, 76-77

y jamón quiche de 112-113

hamburguesas

  BTL 26-27

  de carne de cerdo y albaricoque 28-29

  de tomate al horno 102-103

helada, crema de jengibre 190-191

hojaldre 42, 50, 130, 158

huevos

  rotos, patatas asadas con 36-37

  y beicon, quiche de 110-111

jamón

  coca de espinacas y 50-51

  empanada de 182-183

  pasta con puerro, guisantes y 76-77

  patatas y queso feta, ensalada de 18-19

  quiche de guisantes y 112-113

  y maíz, puerros con 108-109

  y patatas, tortilla de guisantes 32-33

  y pimiento, quiche de 114-115

jengibre

  brochetas de carne de cerdo con orejones y 118-119

  con jengibre y frutos secos, 208-209

  espaguetis con lomo y 86-87

  helada, crema de 190-191

kebabs de beicon en arroz con
champiñones 30-31
limón
quemada, crema de 186-187
pollo a la miel con 154-155
y tomillo, albóndigas con 122-123

maíz
cazuela de salmón con 138-139
guisado de salchichas con
174-175
pastelillos crujientes de bacalao
con 144-145
picadillo de atún, cebolla
y 24-25
puerros con jamón y 108-109
tomates rellenos de 40-41
manzanas
salchichas a la mostaza con
176-177
y arándanos, pastel de 202-203
y moras para helado, salsa de
192-193
crepes rellenas de 196-197
marroquí, pollo al estilo 152-153
masa quebrada 52, 110, 114
menta, rigatoni con pollo a la
70-71
miel con limón, pollo a la 154-155
moras para helado, salsa de
manzanas y 192-193
mostaza
con manzana, salchichas a la
176-177
empanada a la 178-179
naranja, salmón con migas con
sabor a 140-141

pacanas, tarta de 206-207

pasta
a las finas hierbas con guisantes
y beicon 74-75
al horno con gambas y tomate
148-149
con atún a los dos quesos
66-67
con atún y brócoli al horno
134-135
con pollo y espinacas 72-73
con puerro, guisante y jamón
76-77
con tomate y salmón 68-69
con verduras al horno 60-61
espaguetis con champiñones
y atún 62-63
espaguetis con salchichas
y tomate 78-79
espaguetis picantes con
albóndigas 82-83
picante con salchichas 80-81
rigatoni con pollo a la menta
70-71
tallarines con pesto de berro
56-57
tallarines con salmón ahumado
64-65
pastel
de beicon y tomate 180-181
de manzana y arándanos
202-203
pastelillos
crujientes de bacalao con maíz
144-145
de salmón con eneldo 142-143
de atún y hojaldre 130-131
pastelón mediterráneo de carne
y patatas 96-97
patatas

asadas con huevos rotos
36-37
asadas con piel al queso 38-39
asadas con puerros y caballa
46-47
con espinacas y queso fundido
14-15
con pollo al estragón, gratinado
de 94-95
ensalada tibia de atún y 132-133
estofado de carne de cerdo con
172-173
florentinas al gratin 106-107
fritas, asado con chuletas de
cordero y 162-163
gratinadas con salmón 136-137
nuevas, carne picada al curry
con 104-105
rösti de atún 128-129
tortilla de guisantes, jamón y
32-33
tortitas de 54-55
y brócoli, ensalada tibia de 16-17
y queso feta, ensalada
de jamón, 18-19
pepperoni, tarta de pizza 52-53
pesto
de berro, tallarines con 56-57
pastel de arroz al 184-185
pimiento rojo
empanada de pollo y 158-159
pollo con picadillo de 150-511
quiche de jamón y 114-115
piña al horno, dulce de 198-999
piri piri, pollo al 88-89
pizza de atún 48-49
pollo
a la menta, rigatoni con 70-71
a la miel con limón 154-155

a la plancha, ensalada con
90-91
al estilo marroquí 152-153
al estragón, gratinado de patatas
con 94-95
al piri piri 88-89
con alubias blancas 92-93
con cebollas caramelizadas
98-99
con picadillo de pimiento rojo
150-151
con verduras de primavera
156-157
y espinacas, pasta con 72-73
y garbanzos, chile con 160-161
y pimiento rojo, empanada de
158-159
puerros
con jamón y maíz 108-109
guisantes y jamón, pasta con
76-77
y caballa, patatas asadas con
46-47
puerros con jamón y maíz 108-109

queso
a los dos, pasta con atún
66-67
brie, espaguetis con tomate
y 58-59
de cabra, torta de tomate
y 44-45
feta, ensalada de jamón, patatas
y 18-19
tortilla de beicon y 34-35
fundido, patatas con espinacas
y 14-15
gorgonzola, chuletas de cerdo
con 124-125

y finas hierbas, hojaldre de
42-43
quiches
de guisantes y jamón 112-113
de huevo y beicon 110-111
de jamón y pimiento 114-115

ricota, crema de café con queso
188-189
rigatoni con pollo a la menta 70-71
rollo de carne de cerdo a las finas
hierbas 120-121
rösti de atún 128-129
ruibarbo al baño maría, pudin de
204-205

salchichas
a la mostaza con manzana
176-177
con alubias, asado de 116-117
con maíz, guisado de 174-175
empanada a la mostaza 178-179
pasta picante con 80-81
y tomate, espaguetis con 78-79
salmón
ahumado, tallarines con 64-65
con eneldo, pastelillos de
142-143
con maíz, cazuela de 138-139
con migas a la naranja
140-141
pasta con tomate y 68-69
patatas gratinadas con 136-137
salsa de tomate 54
espaguetis con salchichas
y 78-79
salsas
de manzana y moras para helado
192-193

de tomate 54
pesto de berro 56
sésamo, buñuelos de plátano con
194-195
tallarines con salmón ahumado
64-65
tartas
de pacanas 206-207
de pizza de pepperoni 52-53
tomates
al horno, hamburguesas de
102-103
pastel de beicon y 180-181
ensalada con salsa de 10-11
pasta al horno con gambas
y 148-149
rellenos de maíz 40-41
tostadas de pizza de 22-23
y queso brie, espaguetis con
58-59
y queso de cabra, torta de
44-45
y salmón, pasta con 68-69
tomillo, albóndigas con limón
y 122-123
torta de tomate y queso de cabra
44-45
tortillas
de beicon y queso 34-55
de guisantes, jamón y patatas
32-33
tortitas de patata 54-55
tostadas de pizza de tomate
22-23

verduras
al horno, pasta con 60-61
de primavera, pollo con
156-157

Créditos de fotografías y recetas

BBC Worldvide quiere expresar su agradecimiento a las siguientes personas por haber proporcionado las fotografías de este libro. Aunque nos hemos esforzado al máximo por rastrear y reconocer a todos los fotógrafos, quisiéramos pedir disculpas en caso de que haya cualquier error u omisión.

Chris Alack p. 71, p. 79, p. 91, p. 93; Marie-Louise Avery p. 53, p. 117; Jean Cazals p. 155; p. 187, p. 189; Ken Field p. 87, p. 115, p. 125; Dave King p. 75, p. 173, p. 183; William Lingwood p. 197; David Munns p. 41, p. 45, p. 49, p. 69, p. 105, p. 129, p. 135, p. 145, p. 147, p. 191, p. 199, p. 209; William Reavell p. 19, p. 157; Howard Shooter p. 57; Simon Smith p. 37, p. 11; Roger Stowell p. 15, p. 17, p. 21, p. 25, p. 27, p. 31, p. 33, p. 35, p. 39, p. 43, p. 51, p. 59, p. 61, p. 63, p. 65, p. 67, p. 77, p. 81, p. 85, p. 87, p. 95, p. 97, p. 101, p. 103, p. 113, p. 119, p. 123, p. 127, p. 131, p. 133, p. 137, p. 139, p. 149, p. 151, p. 159, p. 163, p. 165, p. 167, p. 169, p. 175, p. 177, p. 179, p. 181, p. 193, p. 195, p. 201; Sam Stowell p. 141; Martin Thompson p. 11, p. 13, p. 23, p. 29, p. 47, p. 55, p. 83, p. 121, p. 161, p. 171; Martin Thompson y Philip Webb p. 73, p. 99; Ian Wallace p. 207; Philip Webb p. 211; Simon Wheeler p. 89, p. 107; Jonathan Whitaker p. 203; BBC Worldwide p. 153, p. 185, p. 205

Todas las recetas de este libro han sido creadas por el equipo editorial de *BBC Good Food Magazine* y *BBC Vegetarian Good Food Magazine*.
Angela Boggiano, Lorna Brash, Sara Buenfeld, Mary Cadogan, Gilly Cubitt, Barney Desmazery, Joanna Farrow, Rebecca Ford, Silvana Franco, Catherine Hill, Jane Lawrie, Clare Lewis, Sara Lewis, Liz Martin, Kate Moseley, Orlando Murrin, Vicky Musselman, Angela Nilsen, Justine Pattison, Jenny White y Jeni Wright.